前期旧石器再発掘

捏造事件その後

安斎正人

同成社

はじめに

2000年11月６日は晴れて気持ちのいい朝であった。前日オープンした船橋市飛ノ台史跡公園博物館へ出かけた。展示場で春成秀爾夫妻に出会った。開口一番、「聖嶽も同類で、許せない」という意味のことを言われた。腑に落ちないでいると、事情を察したのであろう、当日の毎日新聞朝刊のスクープ記事に言及された。とっさに、「横山祐平さんの内部告発だな」と思った。というのは、その頃、問題の発掘に関して、私の意見を求めたり、批判文を書くように促したりする電話を、知人たちからしばしば受けており、その一人山村貴輝さんから、「上高森は第二のピルトダウンになる、と祐平が言っていた」、と聞いていたからである。事実は違っていたが、私の周辺にはそうした批判者が多くいた。

その後の狂騒は周知のとおりである。考古学界あげての検証作業が始まっていたが、私は距離を置いて静観し、一人自己点検を重ねていた。「みんながやることには距離を置き、みんながやらないことは一人でもやる」、をモットーにしていたからである。ちょっときれいごと風であるが、“大学闘争”から学んだ私なりの行動法である。

白とは言わないが、黒ともいえない微妙な立場にあった私自身も、ネット上などで直接間接に非難・誹謗された。その中でも一般読者に大きな影響を与えた奥野正男著『神々の汚れた手』（梓書院）では、私も手の汚れた神の一人として糾弾された。著者からじきじきに本が送られてきたが、真意が図りかねた。謝罪や懺悔の言葉を期待していたのであろう。私への言及部分を一瞥し、この時期何を言っても曲解を免れないと思い、礼状一枚で済ませた。“勝ち組”と“負け組み”に両断し、前者を褒め称え、後者を貶める“審判者”たちに不快感を募らせた。

奥野氏の批判対象となった『理論考古学』に続く拙著『理論考古学入門』の書評が読売新聞に載った。捏造問題に触れていない云々、といった書き出しが一瞬気になった。評者が『神々の汚れた手』を読んで、「その理論と方法は凄惨なまでに自壊していったのである」、「捏造発覚後、捏造石器を使って研究論文を書いた学者たちが口をつぐんでいるのはまさにこの自らの研究理論と方法の崩壊過程を知られたくないからに他ならない」という言い回しを目にしていて、私が弁明、あるいは反論を書いているだろうと期待していたのかもしれない、と今になって思い当たった。

そうした期待を抱いている読者には本著は退屈な本である。一種の“一億総懺悔”的雰囲気が退潮し、問題も風化しつつある現在、旧石器研究者が内向し、大学進学での考古学志望者が減少するという負の遺産を抱え込んでいる。学界の枠を超えて私なりの発言をしなければ、という思いが募っている。回想記という手もあるが、記憶は自己弁明装置である。そこでこの研究テーマに関連してこれまで記してきた文章を抜粋し、発表順にそのまま再録して、関連部分の理解に必要な最小限の説明文を付する形をとった。同じような文章が繰り返されるが、要は、考古学者の思考法の一端を提示することにある。なお、図版は最小限にとどめ、大部分は省略した。

目　次

Ⅰ　2000年11月５日以前

1.　1984年の「西アジア先史考古学上の過渡期の問題―I.前期旧石器時代から中期旧石器時代へ―」(『考古学雑誌』第70巻第2号、38-62頁）からの抜粋。

コメント

渡辺仁先生が発掘調査をされたレバノンのケウエ洞穴出土の石器類（当初、中期旧石器時代のミクロムステリアンと想定していた）の整理作業を行う過程で、旧石器時代の前期から中期へ、および中期から後期への過渡期に関心をもつようになった。西アジアのレヴァント地方の中期旧石器時代は3期に区分できるが、不思議にも最も古い時期に石刃石器群が顕著である。当時、石刃技法は後期旧石器時代の指標とされていたから、この時間的逆転現象を説明するモデルが必要であった。本稿は「ヤブルド型削器」を定義しなおし、前期と中期の過渡期の問題を、さらに「アブ・シフ型尖頭器」(尖頭形石刃石器）を定義しなおして、中期の開始期の問題を設定しなおすことを意図した論文である。次回に中期から後期の過渡期を対象にして、同様の問題提起を期していたが、果たせなかった。

このような問題意識を踏まえて、いずれ日本列島の「前期旧石器」石器群を分析してみようと考えていたので、註をつけ、若干の言及を行ったのである。

前期旧石器時代と中期旧石器時代とを発展段階論的に画然と区切って考える従来の思考の枠組み（註1）では、理解の困難であったタブン洞穴E層の問題（Garrod and Bate 1937；安斎 1983：19-20）は、A.ルストのヤブルド岩陰遺跡の調査報告書(Rust 1950)の刊行をみるに及んで、その解決の緒が与えられた。第I岩陰出土の石器群とその層序（表1参照）は、その後、「ボルドの研究法」を駆使してこの石器群の分析を行ったボルドにより市民権が与えられた。

註１　筆者はここで日本の所謂「前期旧石器」問題も連想している。座散乱木遺跡の発掘以来、現象的認識が共有されつつある現在、概念的認識の変更が必要であろうと筆者は考えている。既製の概念や伝統的な用語を再検討して、基本的概念を再構成することが緊要である。

2.　1986年の「1985年の歴史学界、考古一」(『史学雑誌』95編5号、11-16頁)からの抜粋。

コメント

1980年代前半まで、主として西アジア考古学の研究に従事していた。そしてかの地の文化(要素)がいつ、いかなる形で東アジア、さらに日本列島へと伝播してくるのか、という視点から日本の旧石器研究に注目していた。この評論を書くため、その一年間は研究論文や調査報告書だけでなく、関連文章を徹底的に読破した。これ以後、列島内の旧石器時代に関する研究に傾斜していくと同時に、私自身の方法論でもあったそれまでの伝播系統論からのパラダイム転換の契機となった評論である。

さて、宮城県内出土の〈前期旧石器〉は岡村道雄(「日本最古の馬場壇A遺跡に原人の影」『科学朝日』527、「前期旧石器研究の近況」『えとのす』26)らの熱心な広報活動(東北歴史資料館トピックス展〈十万年以前の石器〉、『江合川流域の旧石器』〈東北歴史資料館資料集14〉、「最古の日本人をもとめて」『科学朝日』534)によって数年来時事問題化するまでになっている。

こうした時流とは別に発掘調査担当者らによる地道な分析研究が続けられており、昨年も『中峯遺跡発掘調査報告書』〈宮城県文化財調査報告書108〉の刊行をみた。当遺跡Ⅶ層出土の石器群は、玉髄・碧玉を主体とする小型の剥片石器89点と、安山岩・流紋岩・脈状石英など粗粒の石材を用いる大形の礫石器17点からなる。小型の剥片石器には定形的な石器はみられないが、切出状・両面半両面・彫刻刀形・両極剥離・錐状にした石器とノッチ・スクレイパーなどが識別できるようである。特定のインダストリーを設定するには点数が少なく、型式学上のパターンも明確でないが、青葉山Ｂ遺跡や馬場壇Ａ遺跡第三次発掘調査で類例が出ているので、その詳報が発表され次第、インダストリーとしての性格も明らかにされよう。大形の礫石器は座散乱木15層・山田上ノ台下層・志引９層の石器類と共通するという。そこで報告者は岡村・鎌田俊昭の既出の編年案、大形で粗雑な石器を特徴とする石器群から小型剥片石器の一群へという変遷の再検討を迫っている。これに対しては鎌田「宮城県における旧石器時代前・中期をめぐる最近の批判について」（『旧石器考古学』31）が報告者の事実誤認を指摘し、反論している。この石器群には約37万年前の年代が与えられているが、その数値は半分程度だという意見もある。いずれにせよ、下末吉海進期以前だとすれば、氷期に内陸の寒気を避けて朝鮮半島を南下して渡来した周口店動物群、あるいは黄土動物群を追ってやってきたホモ・エレクトゥス段階の人類の所産の可能性も考えられる。彼等がその後この地で寒冷化によって絶滅したのか、それとも生き延びて温暖な気候の下で伝統を形成していったのかはわからない。それはともかく、型式的・編年的位置づけは未解決だが、関連資料としては丹生や加生沢や星野、韓国全谷里（同30）、賈蘭坡らのいう華北の[合]河―丁村系の旧石器への目配りも忘れてはなるまい。

石器の素材や剥片剥離に規格性がなく、二次加工に際しては局部的な剥離によって必要な刃部形態のみを設ける技術的特徴をもつ中峯Ⅲ層の石器群は、層位的には座散乱木12層の石器群に対比されている。だが、後者は技術的には確かに高度とはいえないまでも、ある種の規格化が進んでおり、剥片剥離にパターン化が見られると同時に、得られる剥片にも定形化の徴候もあり、これを素材として〈斜軸尖頭器〉を作出していて、類ムステリアン剥片インダストリーといえないこともない。F.ボルドとL.R.ビンフォードとの間の〈ムステリアン論争〉が提起した問題が早晩日本にも起こってくるかもしれない。これらの石器群を中期旧石器と呼ぶかどうかは慎重でありたい。近藤義郎「時代区分の諸問題」(『考古学研究』32-2) が説くように、世界の趨勢は地域にあった時代区分を要請している。

次のナイフ形石器群段階へ移る過渡期の情況はよくわかっていない。前期の石器群系統からの移行 (transition) であるのか、それとは別系統の石器群による交替 (replacement) であるのか、連続 (continuous variation) か飛躍 (rapid progress) か、重要な研究課題であるが、1976年の岡村道雄の論考以来、該期の包括的研究は絶えてない。中山谷遺跡などの石器の再検討が急務であろうし、野尻湖発掘調査団考古グループ・哺乳類グループ「野尻湖立が鼻遺跡出土の骨製スクレイパーについて」(『第四紀研究』24-2) など野尻湖発掘調査団の成果もこの視点からもっととりあげられてしかるべきである。那須孝悌「先土器時代の環境」(『人間と環境』〈岩波講座　日本考古学2〉) の指摘するように、最終氷期を通じて朝鮮海峡が陸化することがなかったとするならば、後期旧石器時代人は在地人の系統か、マンモス動物群が経由したサハリンルートから渡来した人々ということになるのであろうか。

3.　1988年の「斜軸尖頭器石器群からナイフ形石器群への移行—前・中期／後期旧石器時代過渡期の研究—」（『先史考古学研究』第１号、1-48頁）からの抜粋。

コメント

佐藤達夫先生が50歳の若さで夭折された後、残された学生たちが阿佐ヶ谷の先生のお宅に集まって研究会を開いた。本論はその阿佐ヶ谷先史学研究会の会誌『先史考古学研究』の創刊号に掲載したものである。

人類史上の最大の画期のひとつ、中期／後期旧石器時代の移行期研究の中心地域、西アジアのレヴァント地方、フランス南西部ペリゴール地方、中部ヨーロッパの環カルパチア山地の石器群を概観・比較し、列島の当該期石器群を人類史の中で理解しようとの意図で、それまで集積してきた知見を動員して書いた論文である。

斜軸尖頭器石器群に関する記述は、当時の発掘調査報告書類の文献記載と実物の観察に基づいているが、2004年の時点で奥野正男が「捏造石器を資料にしたインチキ論文」と断じた論文である。「石器観察がレベル以下で、自分はニセ物を見破れなかった半端な学者」という言葉は、石器研究者にとって失礼である。美術品鑑定家と違い、どんなに経験をつんでも、「縄文時代の剥片や石器未製品、偽石器」との違いを完璧に言える人はいまい。そうだからこそ石器一点一点の出土状況を重視するのであり、「層位は型式に優先する」という命題が重んじられるのである。石器を観察していておかしいと感じても、それが公認の発掘品、しかも出土する瞬間を目撃した場合、まず自分の見解を修正しようとする。確かに捏造事件はこうした考古学者の現場主義への警告となった。

論文は既存の考古資料（考古学的諸事実）間の関係を説明するた

めのモデル構築である。本論の斜軸尖頭器石器群からナイフ形石器群への列島内での〈進化モデル〉を、その後1990年代に入って提示された新しい証拠を使って検証しようとしていたが、本論で基本資料として使った石器類の捏造発覚という事実（反証）によって、〈進化モデル〉の有効性がなくなった。今日、新たな資料探索と、残されたわずかな資料に基づく別のモデルの構築が課題となっている。

Ⅰ．はじめに

（前略）

ある文化の生涯を考えるには、その誕生のときから始めるのではなく、そこよりはるか前までさかのぼり、また文化が終焉したときでしめくくるのではなしに、さらに先に延ばす仕方で俯瞰することが必要である。あるひとつの文化が地球上に出現することは、単にその文化の栄枯盛衰ということにはとどまらないはずである。その文化が含みこまれている諸文化の大きな進化の流れのなかに生きてきて、そして消滅したあともなんらかの続いていくものがあるはずだからである。以下では《過渡期》の概念を明らかにしつつ、我が国のナイフ形石器を特徴とする文化の誕生を、斜軸尖頭器石器群にさかのぼって考察し、斜軸尖頭器を特徴とする文化の終焉を、ナイフ形石器群まで下ってみとどけてみる。

Ⅱ．過渡期の諸相

（前略）

ところが、我が国の旧石器研究においては残念ながら、「前期旧石器」の存否論争と、一番古い石器は何か、どこまで旧くなるのかといった程度の年代論に問題が集約してしまって、多方面からの取り組みにおくれを生じている。芹沢長介（1966／67／68）において、岡村道雄・鎌田俊昭（1980）において、また最近の小林達雄（1986）においても、その日本旧石器時代論は大同小異の画期論によって占められてきた。芹沢の先駆的概論「日本の旧石器」（前掲）発表から20年後に、ほとんど同一の内容を、新しい発表の場にあわせてごくわずか修正しただけで再度発表された、岩波新書『日本旧石器時代』のなかに、こうした関心のステレオタイプがいかに対象を貧弱化する性格のものであったかが、もっとも明瞭に表れている。更に言うならば、関係者が野川・月見野以降と自画自賛してきた、しかし今や一昔前のきまりきったパラダイムに堕してしまった図式（小林・他 1971）に固執するあまり、その終焉を告げている近年の発掘成果を検討もせず、結果だけを寸借した論考によって、小林達雄は旧石器研究者としても自らが中心的地位を占める保証を求めているのである。しかしながら、かれらの視点から欠落していること、例えば日本旧石器時代の進化論に関して言えば、「前期旧石器」時代終末と後期旧石器時代初頭の両段階のあいだにみられる異質性にではなく、芹沢がかつてそうであったように、それらの同質性と連続性こそ筆者の関心の対象である。発展段階（あるいは時代）とは理解の便宜上連続する過程を人工的に画したもので、それ自体で完結した実体というわけではない。発展過程全体の斟酌なくしては、段階（時代）の理解はありえない。「前期旧石器」時代と後期旧石器時代が、一方にあって他方にない要素を数え上げることだけで特徴づけられるものではない。そこにいかなる特殊例があらわれ、それがいかなる技術・形態差で叙述されようとも、むしろ、諸要素に意味を付与する何か統合的原理・原則の下にそれらの包括を試みるべきであろう。「前期旧石器」時代と後期旧石器時代を画すると一般にみられている差異は、歴史的・文化的実在にほど遠い、「前期旧石器」を強調してきた研究者達の共通主観によって作り出された仮象である。何にあるいはどこに「前期旧石器」の本質性をみきわめるか、という研究者側の意識の反映にすぎない。ここを見極められなかったゆえに、小田静夫は、座散乱木12, 13層上面や馬場壇A遺跡10層上面の石器群が、南関東の第Ⅰ文化期の石器群に型式的に類似していることを見抜きながら、前者を引き下ろしてまで、両者を同時期に置こうとする誤謬を犯してしまうのである（Oda and Keally 1986）。

それでは、「前期旧石器」時代終末から後期旧石器時代初頭へと移行する過渡期の実態はどうなのであろうか、以下で、我が国の斜軸尖頭器石器群からナイフ形石器群への移行を論じていくことにする。

Ⅲ．中期旧石器時代の斜軸尖頭器石器群

座散乱木遺跡での「前期旧石器」断面採取以降、相次いで行われた「前期旧石器」発掘（岡村 1986：表40）は、後期旧石器段階の石器群と中期旧石器段階の石器群の間に横たわっていた断絶の意味と、それぞれの石器群の技術・形態学的意味とを、一方の石器群で他方の石器群を照らし出すことによって摑み出し、その溝を埋める手掛かりの探求を可能にした。

座散乱木遺跡調査以前の「前期旧石器」研究とそこで果たした芹沢長介の役割や、「前期旧石器」存否論争に終止符をうった座散乱木遺跡調査の意義と研究成果については、すでに多くの言及があり、最近も岡村道雄が簡潔ながら要を得た総括を行って、解り易く説明している（岡村 1983）。従って、筆者が改めてここに繰り返す必要はあるまい。この間の研究をリードしてきた岡村道雄は、馬場壇A遺跡の報告書中で「前期旧石器時代」を石材と石器組成を基準に古段階と新段階に、後者をさらに前半と後半の二期に区分する編年案を提示し（岡村 1986：164、図73）、翌年、これを若干変更して新段階を３期に細分し直している（岡

村 1987)。鎌田俊昭の編年も大枠では岡村と同じだが、前・中期旧石器時代をA群、B群、C群に三分し、名称とともに若干異なる細分案を提示した（鎌田 1987)。なお鎌田の場合、「ここ（C群）に画期を設ける最大の要因は、粗粒の石材が消滅することにある」（同：39）とか、馬場壇A遺跡の報告書刊行以前の二期編年案（上記のB群がA群、C群がB群）で、「層位的にはA群がB群に先んじており、大陸の前期と中期のように明瞭ではないが、約五万年前頃、両石器群の間にひとつの画期があったようである」（鎌田 1984：98）という記述から判断して、A群・B群を日本における前期旧石器段階、C群を中期旧石器段階に仮定しているようである。筆者の場合、大枠でふたりの編年を受容し、岡村の古段階で鎌田のA群を前期旧石器段階、岡村の新段階で鎌田のB群・C群を中期旧石器段階と呼ぶことにする。また、打面を数カ所に転移しながら固定し、比較的整った台形や三角形の剥片を生産して、剥片の長軸と打撃の方向のずれるこれら斜軸尖頭形剥片素材から、特徴のある尖頭器や削器を生産する中期旧石器段階の当該石器群を、後期旧石器段階のナイフ形石器群に対置して斜軸尖頭器石器群と呼ぶことにする。斜軸尖頭器の用語については宮城県の発掘関係者が、「二次加工によって意識的に尖頭器を形成しているとは言えない。従って、斜軸尖頭器という用語は適切でないと考え」（石器文化談話会編 1981：131）ているのだが、無修正のルヴァロワ型三角形剥片をルヴァロワ型尖頭器と呼び習わすことに倣って、筆者は、素材である（あるいは無修正のまま使われたであろう）斜軸尖頭形剥片を斜軸尖頭器と呼んでこの通称を復活させたい。

ところで、後期旧石器時代を「縦長で両側辺がほぼ平行する剥片（その典型は石刃・細石刃）を石核の端に打面を固定して連続的に多量生産する石器製作が、特徴的に用いられた時期と規定」し、「前期旧石器時代」は「後期旧石器時代石器群の特徴とは異なった点が多い」という従来の観点に立てば、「両者は急激に変化したかのように見える」（岡村 1986：174）であろう。しかしながら、「後期旧石器時代前半（立川ローム層第Ⅱ黒色帯及びそれ以下を中心とする時期）の石器製作の技術構造は、従来言われていたようなナイフ形石器とそれを生産する技術基盤としての石刃技法という単一的技術構造に収斂するのではなく、ナイフ形石器と石刃技法及び台形様石器と横長・幅広剥片剥離技法という新旧両伝統の二極構造をもち、しかも両者が同一社会に共有された選択性をもつ技術であった」（佐藤 1988：1-2）という視点が定まりさえすれば、両者の継起的連続性が見えてこよう。

後期旧石器時代のナイフ形石器群の技術基盤として、ナイフ形石器と石刃技法及び台形（様）石器と横長・幅広剥片剥離技法という二極構造が認められるように、中期旧石器時代の斜軸尖頭器石器群の技術基盤にも、原則的に二極構造が認められる。二極構造とは言っても、両者を対極的に分けるのではなく、それぞれが一つのシステムの構造連関の中にある。そのひとつは、打面と作業面を交代させながら打点を頻繁に転移させ、結果的に不定形の残核が生じる剥離法、あるいは打点を素材の周縁沿いに移動させ、結果的に円盤形の残核が生じる剥離法により、斜軸尖頭形の中型剥片を生産して、この素材の形態を生かしながら二次加工により尖頭器・削器などに仕上げる工程である。この技術構造は当該時期を特徴づけている。いまひとつは、剥離のある程度進んだ円盤状石核を利用したり、結果的に盤状・方形、チョッピング・トゥール状の残核が生じる剥離法により、貝殻状・台形の小型剥片を生産して、その遠端か側縁を刃部にみたてて未加工のまま残し（使用痕分析結果もこの見解を支持している。座散乱木遺跡発掘調査報告書Ⅲの写真18-19を参照）、切断・平坦剥離で台形状の石器に仕上げる工程である。この種の石器類は、後期旧石器時代の台形（様）石器が基部調整を特徴とするのにたいして、いまだ側縁調整にとどまっている。技術・形態学的に多様であるので一括して《素刃石器》と呼んでおく。この技術構造はやがてシステム化して、ナイフ形石器群の両極を構成するようになる。

筆者がたててみた上の作業仮説を以下で、自ら手にとって観察してきた個々の石器を報告書に当たって、実証的に検討してみようとしているのだが、その前提たる石器の見方について筆者は、「前期旧石器」研究の先覚者である芹沢長介とその弟子達がたびたび記述してきた見方とは、立場を異にする点にまず言及しておきたい。岡村道雄・柳沢和明の試みた「前期旧石器」の器種分類（岡村・柳沢 1986）は問題が多い。分類基準に一貫性がなく、命名の仕方が個別的である。鎌田も同様の意見をもっている（鎌田 1987：註17)。彼らが「長形交互剥離石器」と一括したものは残核あるいは残核からの転用石器の可能性がある。「チョッピング・トゥール」とともに少なくともそれらに見られる剥離法は、後述の盤状連続横打剥片石核との関連で注目しておきたい。「小形円形スクレイパー」として一括されているものも別様の見方ができる。とりわけ報告書図12のNo. 5，6は前期旧石器段階のものではあるが、寸法・形態、切断または平坦剥離による側縁処理や、未加工の鋭利な遠端縁辺を刃としていることなど、後の素刃石器を連想させる石器である。直接の関係はないだろうが、台形（様）石器の遥か遠い始原形態であるかもしれない。その他「ナイフ状石器」「切断ナイフ状石器」「片側整形石器」「切断石器」なども台形（様）石器に繋る石器であろう。従って、ナイフ形石器を連想させる名称は適切でない。図14のNo. 12の「尖頭スクレイパー」はボルドのデジェテ型削器であり、No. 14の「尖頭截頂スクレイパー」とNo. 23の「台形スクレイパー」もデジェテ型削器、No. 13の「尖頭スクレイパー」はコンヴェルジャン型削器である。石器の名称に国語呼称を用いるにしても、中期旧石器段階のムステリアン・

類ムステリアン、あるいは非ムステリアンにおいてもその削器は形態でなく、剥片の長軸と打撃の方向と加工部位各関係によるボルドの分類法を採用するのが無難である。No. 25の「篦状石器」も縄文時代の同名の石器を連想させる名称は避けたほうがよい。むしろこの石器はナイフ形石器の古い段階に所々に散見される同形の石器、佐藤宏之の台形様石器の分類で言えば、Ｉ-a-2、Ｉ-b-2類の「精製石器」（佐藤 1988：3-4）（ただし筆者は、機能を反映する石器の大小という点からみて、この種の石器の一部は、台形様石器から外すべきだと考える）との関連で記憶しておくべきであろう。また、ほとんどの大型石器類を石斧にしているが、石斧の定義を厳密にして他の大型石器から選別しておくことが、後期旧石器段階の石斧との系統関係を考察するための前提にもなる。

石器の器種分類に関しては、ボルドによる前期／中期旧石器時代のリストが著名で標準的である。中期旧石器63器種が挙げられている（Bordes 1961）。他方、ソンヌヴィユ＝ボルドとペロによる後期旧石器時代のものは92器種（de Sonneville-Bordes et Perrot 1954-6）、これを修正したギャンブルのものは105器種挙げている（Gamble 1986）。型式数の増加を考古学における進化の指標とみなすゴードン＝チャイルドの見方に従えば（安斎 1987b）、前期旧石器時代の石器分類を試みる際に、分類者の裁量でむやみに器種数の増加していく方法は避けなければならない。後期旧石器と比較した場合、いや中期旧石器と比較した場合ですら、石材選択・石核調整・剥片整形に首尾一貫したところがなく、場当りてきに作られるため素材に制限された形態をとる前期旧石器に前二者と同様の分類基準を適用しようとすることが、どだい無理な話である。当面前期旧石器の細別は留保して、加工部位から推測できる機能的大別に留めておくのが無難ではなかろうか。

1.　馬場壇Ａ遺跡（東北歴史資料館・石器文化談話会編 1986）

第6層上面の石器は点数が少なく、その性格ははっきりしない。しかしながら、剥片はおおむね斜軸尖頭形である。報告書図19-4の剥片は主剥離面の右側縁にも加工が見られれば、台形（様）石器となる。機能的に近い素刃石器であろう。記載者が注目しているNo. 7の縦長剥片は、打面近辺の小剥離痕群を頭部調整と見るか、打撃の際の弾けと見るかで評価がわかれるが、その他の技術形態上の属性から判断して、筆者は、これを意図的に作出された石刃ではなく、偶発的な縦長剥片とみなして、この石器群を斜軸尖頭器石器群とナイフ形石器群との間に介在する移行期の姿である、とみておく。

第7層上面の石器は、斜軸尖頭器石器群を特徴づける中型の斜軸尖頭形剥片とそれを素材とする特徴のある尖頭器・削器類に比較して、均斉のとれた両面・準両面加工の尖頭器や、後期旧石器段階初期の台形（様）石器のいわば祖型の素刃石器とその素材である小型の貝殻状・台形剥片が数量を増す、斜軸尖頭器石器群の新しい段階に位置づけられる（図10、11）。佐藤宏之によれば、ナイフ形石器群の「およそ台形様石器は、平坦剥離による基部調整と、一次剥離面と主剥離面がつくる縁辺を刃部に設定した概ね略梯形・菱形・鱗形を呈する技術形態学上の定義的特徴をもって、器種上最も近似するナイフ形石器の一部から弁別される。基部に施される平坦剥離は、腹面調整か錯交剥離を典型とし、これに補助的に両面・準両面調整を加えたものが主体となる。しかしながら、前述したように、形態的に極めて多様であるため、基部調整技術の多様性も大きい。素材の横長・幅広剥片を切断によって生じる切断面を打面として平坦剥離を施す技術が多用され、当該石器に特有のテクニックとなっている。切断面をそのまま残置して基部側縁を形成する例も多い」（佐藤 1988：3）という。

その台形（様）石器が特殊進化する以前の姿を第7層上面の石器中に

見出すことができる（図10）。記載者はNo. 1の石器を背面右側縁上半部の二次加工を刃部とみなしてエンド・スクレイパーに類似する石器としているが、遠端の使用痕の残された縁辺を刃部とみるべきであろう。当該時期の示準石器として評価されている「円形鋸歯縁石器」（2、3）や、「不定形鋸歯縁石器」（4）と「長円形石器」（5）も側縁加工に切断を応用した同様の石器であって、とりあえず筆者が素刃石器と呼んだものに属す。稚拙で統括的な名称なので適切な細別呼称を用意していかなければなるまい。No. 6-10などはこの石器の素材剥片、11はその石核の可能性が強い。No. 12は彫器に13は削器にその石核を転用したものかもしれない。いずれも後に説明する盤状連続横打剥片石核の特徴的属性からの類推による経験的判断である。

図11のNo. 1-5などの剥片は斜軸尖頭形だが、旧い段階のものと比較した場合形が整ってきて、長軸に対してほぼ対称の三角形を呈している。技術的進化の観点から、次の段階には打撃の方向と長軸の一致する長形の三角形剥片が出現するであろう、との予測を可能にした剥片類である。以上のほかに特に記憶しておかなければならないものは、記載者も示準石器として言及しているNo. 6、7のような、両面／準両面加工により素材の剥片の形態を変形させて尖頭器を作り出した石器である。現在のところ、斜軸尖頭器石器群の新しい段階を明示する最良の石器のようである。

第10層上面の石器は斜軸尖頭器石器群の標準となる資料である（図12）。打面を頻繁に転移する多面体石核・円盤状石核から生産された斜軸尖頭形剥片と、それを素材とする尖頭器・削器を主体としている。No. 1、2のデジェテ型削器にその典型を見る。3-7などにみる小型剥片の使い方には切断手法が多用されてはいるものの、後の台形（様）石器やナイフ形石器に進化する祖型が見られる。8、9の石核に見るような、素材を横に使って小型の貝殻状剥片を連続的に剥ぐ方法と、10、11に見るような、剥片の主剥離面の打瘤部の厚みを利用した剥片剥離法とが発展して、後のシステマティクな盤状連続横打剥離法へと収斂していったものと考えられる。

10層と７層の石器は相互に近似している。ただ、７層において剥片剥離法・剥片整形法がいっそうパターン化しているために、石器の形態も整ってきている。両層の石器類は斜軸尖頭器石器群を新旧に二分する際の標準資料となる。ユーラシア西半部のムステリアン石器群は各種の削器と尖頭器の組み合わせを特徴とするが、我が国の同段階の斜軸尖頭器石器群においては、特徴的な削器が旧い段階に、そして特徴的な尖頭器が新しい段階に顕著であるようだ。

第19層上面の石器、とりわけ中／小型の剥片類は10層と７層の石器に類似しており、多面体石核・円盤状石核の存在が推定される。しかしながら、両極打法を多用する剥離法や剥片形態に規格性が認められず、場当りてきである。更に加えて、尖頭器類が全く存在しないこと、より下層に顕著な粗粒の石材を用いた大型石器の多いことを勘案して、この一群は斜軸尖頭器石器群から外すことにする。いわば先斜軸尖頭器石器群といった性格を付与しておきたい。恐らく今後、前期／中期旧石器時代の過渡期を考察する際に問題となる石器類である。蛇足ながら、図示されている大型石器の何れをも、石斧と呼ぶことには反対である。

第20層上面の石器は本編の対象外のものであるが、若干言及しておきたい。それは、究極的には前期旧石器段階のこの小型の剥片石器群中から、斜軸尖頭器石器群の発生が起こったのであろうし、台形（様）石器の胎動がここにみられるからである。更にまた、小型の剥片石器群はユーラシア大陸東端の特殊な存在でもない、ということも言い添えておきたい。従来、アシュール系ハンドアックス石器群の分布地域とされてきたその西端においても最近、小型石器だけからなる石器群が広く分布していることが、その生態学的存在性ゆえに注目されてきた（Svoboda 1987）。この段階の石器研究においても、洋の東西をとわない研究動向への目配りが欠かせなくなっている。

2.　座散乱木遺跡（石器文化談話会編 1981，1983）

第15層上面出土の石器中、記載者達がチョッパー・チョッピング＝トゥール、楕円形石器と便宜的に呼んでいる石器は、少なくともそのうち前二者は石核あるいは石核からの転用石器の可能性が高い。図13の１には小型の貝殻状・台形剥片が剥がされたとおぼしき剥離痕が残る。その種の剥片は、切断（No. 3）や二次加工（No. 2）によって素刃石器に仕上げられている。粗粒の安山岩を用いているため両極打法がめだち、剥片の生産は不規則になっている。素刃石器自体の加工も洗練されておらず、外見状それらしく仕上がっているにすぎない。中型の斜軸尖頭形剥片とそれを素材とした尖頭器・削器が欠落しているため、この一群からは特殊な、というよりも何か機能的な組成との印象を受ける。鎌田はこのあたりを「馬場壇 A10 層上面は、層位的に馬場壇 A19 層上面と座散乱木15層上面の間にあり、さらに発掘区に接した断面の10層付近から粗粒の石材のチョッピング＝トゥール、楕円形石器、クリーバーなどが採取されており、本来粗粒の石材の石器も共伴するはずなのである。このようなあり方と対照的なのが、座散乱木15層上面石器群であり、粗粒の石材を主体とし、わずか１点の頁岩製剥片を伴う。馬場壇 A10 層上面と座散乱木15層上面のような偏在を志引９層上面の２つの遺物集中地点が如実に示している。すなわち、第７遺物集中地点では粗粒の石材が主体で、３点の玉髄製の石器が伴うのに対して、第８遺物集中地点では細粒の珪質頁岩、粘板岩製石器を主体に、粗粒の２点が伴う。これらのことから、今のところ山田上ノ台下層石器群を含め、ここにあげた各石器群を一括した姿が当該期の完全な姿と考え」(鎌田 1987:38) ている。鎌田の見方が正しいとすれば、この一群で斜軸尖頭器石器群の旧い段階を構成するのかもしれない。だとすれば、馬場壇A遺跡第19層上面の石器を斜軸尖頭器石器群に含めて、石器組成の多様性を機能的に解釈したらいいのか、それとも前述のように先斜軸尖頭器石器群といった性格を与えて、時期差としてとらえたらいいのか、即座に判断しかねる。

第13層上面出土の石器は、先に叙述した馬場壇A遺跡第7層上面の石器と極めて近似した形態と組成の一群である。ただし、二次加工と切断技術に進歩がみられ、尖頭器と素刃石器はさらに斉一的な形態を獲得している。図14の No. 1、2に挙げた石器は一見同じようにみえ、石錐と報告されているけれど、小型剥片素材の使い方や先頭部の作出の仕方は明らかに異なっている。前者は確かに石錐であるが、後者は上縁部を刃部にみたてれば素刃石器に編入できよう。No. 3も上縁部を刃部にみたて（使用痕観察もこの見解を支持している)、素刃石器とすべきである。いずれの例も平坦剥離と切断技術により側縁を整形している。No. 4-6も素刃石器の範疇にいれてよい石器である。No. 7-10の石器は、調整剥離面と主剥離面の交わる縁辺を無修正のまま刃部（素刃）にするのではなく、比較的整った二次加工で掻・削器用の刃を付けており、従って、素材剥片とその使い方が類似するものの、素刃石器とは二分して別個の分類範疇をたてるのが適当かと考えている。この一群も斜軸尖頭器石器群の新しい段階を特徴づける石器かもしれない。剥離加工を駆使した当石器の対極に、No. 11のように刃部を除いた3つの縁辺すべてを切断によって整形した素刃石器もみられる。いずれにしても、前段階の素刃石器と比較した場合に、形態的斉一性が認められる。図15の No. 1の石器の主剥離面右側縁から基部にかけてみられる連続横打剥離は、馬場壇A遺跡の項で述べた意味で注目しておきたい。No. 3などは連続横打剥離石核からの転用石器である可能性が高い。主剥離面右側縁から剥がれた2枚の貝殻状小型剥片の剥離痕を残している。No. 4、5の両面・準両面加工尖頭器は馬場壇A遺跡7層の一群と対比できる、すぐれて示準的な石器である。この段階の示準石器といえば、No. 6の両面加工で基部を作り出した「有舌石器」や、断面採取資料ではあるが、当初「クリーバー」と呼ばれた石器(7)や「箆状石器」と呼ばれた石器(8)を記憶しておく必要があろう。この種の石器は、ナイフ形石器群の初期に広範囲で散見される両面加工によって基部を作り出す大型の平刃石器に系統的関係を有している。同じく断面採取である2点の石斧(図16-1、2)は、安沢A遺跡第12層上面採取の石斧(3)や利府町屋敷遺跡採取の石斧(4)(多賀城市教育委員会 1984)とともに、ナイフ形石器群に伴う打製石斧・局部磨製石斧の起源・進化を考察する場合、見落とせない資料になっている。安沢A遺跡の例に類似する打製石斧が、岩手県金取遺跡(宮守村教育委員会 1985)と大分県上下田遺跡(別府大学附属博物館 1983)からも出土している 。上下田遺跡の例は「尖頭状礫器」と報告された石器を指す。その他ミコキアン型ハンドアックスと呼ばれた群馬県権現山遺跡の両面加工石器も、栃木県後藤遺跡採集の「握槌形の両面加工石器」(岡村 1976、図12)ともども恐らくこの一群に属する石斧であろう。こうして纏めてみた状況証拠が暗示するのは、石斧の発生時期としては、どうやら斜軸尖頭器石器群の新しい段階に照準を絞り込めそうだということである。

第8層上面出土の石器はナイフ形石器群の比較的新しい時期に位置づけられている。その根拠として、次の5点が挙げられている。1)縄文時代に一般的にみられる3形態の石錐がある。2)細石刃石器群・長者久保石器群など、ナイフ形石器群以後の石器群に普遍的に認められる定型的なエンドスクレイパーがある。3)両面加工石器の共伴が予想される。4）石器群における石刃技法の占める位置が低い。5）石刃技法には、両設打面をもち、各種の石核調整を行うものがある（石器文化談話会編 1981：40-41）。しかし、1）は上からの混入の可能性が否定できないし、2）の当該石器（報告書図12-8）が特定時期を限定できる示準石器の資格を有するか疑問であるばかりでなく、8層出土の石器自体、細石刃石器群や長者久保石器群の石器とその組成が似ていない。3）は斜軸尖頭器石器群の新しい段階に現われた両面を加工する諸石器の系譜かもしれないし、4）はむしろ比較的旧い時期の様相であろう。5）のナイフ形石器群における石刃技法については、一般に調整技術の有無によって新旧をうんぬん出来ないことを、筆者はすでに指摘している（安斎 1987：13-14）。それではどの時期に位置づければよいのであろうか。1）ナイフ形石器・石鏃・彫器・掻削器・抉入石器・鋸歯縁石器・切断調整石器・ピエス＝エスキューユ、と変化に富む石器組成であること、2）所謂後期旧石器型石器の割合が低く、削器の占める割合が高いこと、3）石刃や縦長剥片の腹面の両側辺に施された二次加工、例えば報告書図13のNo. 11の「やや深度をもつ連続した」とか、No. 12の「階段状であり、両側縁の稜はジグザグ状を呈する」とか、No. 13の「器体中央部に達する」と記述され、No. 15の腹面右側縁にもみられる加工法は、先に何度となく言及してきた、素刃石器ないしは台形（様）石器の素材剥片を生産する連続横打剥離の名残りと考えられること、4）切断調整の例が多く認められること、及びこの点に関して報告者が指摘している秋田県米ケ森遺跡の石器は、最近の発掘調査の成果（秋田県埋蔵文化財センター編 1985）に照らしてみれば、いくつかの時期に分けられ、少なくとも米ケ森技法関連の石器はナイフ形石器群における比較的旧い時期に属すると考えられること、等々を勘案すれば、筆者は8層の石器を仮に台形（様）石器の隆盛直後、例えば、群馬県後田遺跡あたりに並行させておきたい。

座散乱木遺跡第13層の石器群と第８層の石器群とのギャップは大きい。この間の石器群の進化の過程を若干なりとも暗示しているのは、その周辺遺跡、殊に安沢Ａ遺跡や宮城平からの採取資料である（石器文化談話会編 1983)。安沢 A13 層上面採取の石器（図17-1）は、座散乱木遺跡13層上面の一群（図14-7、8、9、10）に対応する石器であろう。12層上面採取の円盤状石核(2､3)にはこの種の剥離技法の極致をみてとれる。前者からは中型の斜軸尖頭形剥片をとるよりも（剥離の早い段階でたとえそうであったとしても)、小型の貝殻状・台形剥片を多数生産している。後者は、神子柴・長者久保系石器群の石刃石核を偲ばせるほどの出来栄えであり、この時期にすでに縦長剥片への指向が芽ばえていたことを推測できる。この石核で注目されるのは、打点がもはや周縁を巡るのではなく、両端に限定されている点である。恐らく No. 4、5のような、打撃方向と剥片の長軸が一致する縦長三角形剥片が剥離されたものと思われる。これらの剥片はもはやデジェテ型やコンヴェルジャン型削器など特定の石器の素材として使われることはなくなっている。図16-3の打製石斧が意味する日本先史考古学上の重要性についてはすでに述べた。安沢成層直上採取の２点の縦長剥片も興味深い（図18-2、3)。なぜならば、前者はたとえ偶然にしても基部加工縦長剥片の存在を主張しているし、後者は背面に残された方向の同じ２つの剥離痕から判断して、寸ずまりながら縦長剥片の連続剥離が行われていたことを示しているからである。ただし、何れの例も厚さが厚すぎて、ナイフ形石器の素材には向かないであろう。9〜11層でも同種の縦長剥片が採取されている（4､6)。これらも特定器種の素材として生産されたわけではなくて、場当りてきに使われたようである。９層上面採取の石器（1）も深読みしてみれば、意味深長である。基部調整の素刃石器、すなわち台形（様）石器の出現ということになるからである。次章で扱う福島県平林遺跡の石器群はこの段階に対比できよう。鎌田はなおこの段階とそれ以前との間に大きな差を認めているものの、「錯向方向に加工する前段階の要素が残っている反面、縦長剥片を素材とした石器、切出状ナイフ形石器などに後期的様相をみることができる」（鎌田 1984：100）宮城台 A12 層上面石器群を介在させると、比較的スムーズにつながるともみている。

南関東では初めて、東京軽石層（TP）を挟んでその上から10点、下層から３点の計13点の石器を出土した、東京都多摩ニュータウン No. 471-B 遺跡の石器群（舘野 1987、東京都埋蔵文化財センター調査研究部 1987）が、中期旧石器時代の確実な証拠となる。下層の両面加工によって基部を作り出した中型の平刃の石器や上層の尖頭器の存在からみて、この一群は斜輸尖頭器石器群の新しい段階に位置付けられようが、宮城県の斜軸尖頭器石器群を特徴づけた削器や素刃石器を欠いている。尖頭器の整形も浅い周縁加工で器体中央に及ぶ剥離はみられない。報告者の舘野孝が座散乱木遺跡第13層の削器に対比している石器も、刃部作出のための調整加工は大振りで宮城のものより群馬のものに近い。ここにはまた、石核と剥片の背面に残された剥離痕に縦指向の芽ばえが明瞭にみてとれる。舘野は、直方体の小口部分を剥片剥離作業面とする特徴を有する石核の存在を想定している。以上の技術・形態学的諸点に加えて、石器素材として専ら流紋岩を用いている点も見落とせない。宮城県の諸遺跡との直接対比は困難であり、我が国の中期旧石器時代の石器群にもすでに地域差が生じていたことを窺わせる。

Ⅳ．移行期の石器群

我が国の過渡期の石器群を考察するに際しては、「前期旧石器文化の歴史的発展と後期旧石器文化との文化的連続性の追究に焦点をあてて、日本前期旧石器の存在を具体的にのべるつもりで」ものされた岡村道雄(1976)の論考を、無視して通り過ぎるわけにはいかない。皮肉なことに、座散乱木遺跡調査以前の時点における岡村の過渡期観が、最近のものより実態に近い。情況を抜きんでていた結論部の卓見はこうである。「この時期は少なくとも3つに細分されよう。石子原・向山鹿沼直上・平林の石器群は、古くからのルヴァロワ型石核や円盤形石核を残し、祖型石刃技法が新しく加わった多様化した技術基盤をもっており、石器組成は、剥片の一端にあらい基部加工を施した石器、プティ・トランシエ、切出形を呈する粗雑なナイフ、彫刻刀形石器に若干の両面加工石器やチョッパー、チョッピング・トゥールが伴う。剥片の一端に基部加工が施された石器は、所謂斜軸尖頭器のバリエーションとしてとらえられる石器で、中部ローム下半期の所謂斜軸尖頭器中にも入念に基部加工の施されたものが権現山、相原、星野Ⅱに数点みとめられる。これらの点から中部ローム下半期の特色を受け継いだ様相も認められる。

中山谷X、西之台BX、星野Ⅳ、向山黒色帯、三角山の石器群は前述のものに比較すると、多様な剥片生産技術が整理されて祖型石刃技法にその特色が認められる。石器組成は粗雑なナイフ形石器、ノッチ入りの錐、スクレブラなどが複雑な様相をもって存在している。大別すれば前述の石器群に包括されるかもしれない。

さらに鈴木X・高井戸東Xなどは、ナイフ形石器、磨痕のある楕円形両面加工石器や所謂スクレブラを石器組成にもち、剥片生産の技術基盤は祖型石刃技法にとどまらず、石刃技法に近いものの存在がみとめられるようである。漸次、石刃技法が定着し、立派なナイフ形石器が存在するようになるらしい。この3グループは記述した順に新しいと考えられるが、前期旧石器から後期旧石器への過渡期として複雑な様相を示すのであろう」(同上：88～9)。

この時宜に適った展望にも、十年以上の歳月が少なからぬ訂正を要請している。岡村自身論中で、外見上最もルヴァロワ型石核に類似する星野大応寺前及び同第3地点表採の石核（同：図3、4-2）を、正しく「円盤形石核」と呼び、早水台の資料を慎重に「ルヴァロワ技法に近似するもの」と記述しているにもかかわらず、結論部でルヴァロワ型技法の存在を肯定する叙述をしているのが、腑に落ちない。斜軸尖頭器石器群の近年の発掘資料をみても、ルヴァロワ技法の列島内不在は動かせまい。ルヴァロワ技法という用語は意味の広がりが大きく、その定義も研究者によってまちまちであった。ここでは、大沼克彦が最近の論文「ルヴァロワ技法研究小史」(1986) で取り上げ、V.コモンからF.ボルドを経て今日に至るまで列挙した研究者の、その時々の定義づけと解釈の変遷、及び彼が最後に提起した3つの今日的問題— 1) 分析資料としての石核の限界、2) ルヴァロワ型ポイントの同定、3) ルヴァロワ型石刃の再考—を参照して、我が国におけるルヴァロワ技法の不在を主張する理論的傍証とした。大沼論文は主にヨーロッパ学界を対象にしており、その点から異論もあろうが、ルヴァロワ技法に関する問題点はだいたい提示されていよう。

岡村のこの旧稿に度々登場する「斜軸尖頭器」は勿論、前章で筆者が用いた用語法とは異なるばかりでなく、斜軸尖頭器石器群のそれぞれ個別の要素群である、小型剥片製の素刃石器類の一部と中型剥片製の削器・尖頭器の一部を含んでいる。そうした用語上の矛盾から岡村らが捨てたこの語を、筆者が使う理由はすでに述べてある。「プティ・トランシエ」や「切出形を呈する粗雑なナイフ」などは、素刃石器から台形（様）石器・ナイフ形石器に連なる系列の石器であろう。このことは、祖型石刃技法から石刃技法へ収斂していく系列のみならず、盤状連続横打技法のシステム化・祖型石刃の発生過程をも同時に視野におさめることによってのみ理解可能である。前章の安沢Ａ遺跡12層以降の採取資料で垣間見た、斜軸尖頭器石器群からナイフ形石器群への移行期の全体像を把握するステップとして、岡村の所謂祖型石刃技法を技術基盤としながら、未だ石刃製ナイフ形石器をもたない石器群に関連する既存のデータを、試みに意味がある配列に並べかえてみよう。

茨城県山方遺跡

故佐藤達夫によって1975年に調査され、筆者も発掘に参加した茨城県山方遺跡は、「続旧石器文化」としての位置づけと、朝鮮半島との系統関係は変更しなければならないが、「その輪郭をわずかに察知しうるに至った一段階を代表する、きわめて重要な遺跡といわなければならない」(佐藤 1976)。発掘資料は必ずしも豊富ではないが、2点の「石核石器」と石核・剥片から導き出された剥片剥離技術は非常に特色のあるものである。佐藤の発掘調査に先立つ飯村潔らの調査のきっかけをつくった、「石刃を剥離してのちの石核を握槌として利用したもの」と、「やはり石刃・組石器（？）を剥離したと思われる痕跡を残し、縦横二方向に鋭利な断面をもつ、縦形掻器と横形掻器の特技をかねそなえた石器で、おもに握槌として利用したもの」と報告された2点の「石核石器」(飯村・他 1965) と、佐藤の発掘品の石核が、とりわけ移行期の剥離技術の考察にとって重要である。各石器毎に佐藤の観察を再録した後で、最近の知見に基づく読み替えを行なってみよう。

図19-1の石核は長さ13.8cm、幅9.5cm、厚さ6.6cm、元来上部に厚く、下部に薄い原石を利用する。上端に、裏面にやや傾向する、数個の剥離面からなる打面を作る。表面と向って右側から石刃が剥離され、現在七条の主な剥離面が並列している。従って石刃石核とみるべきであろう。右側縁は下半部に、左側縁はかなり上部から下端にかけて、横位の剥離が行われる。右側は裏面を打面とし、左側は表面を打面とする。この方

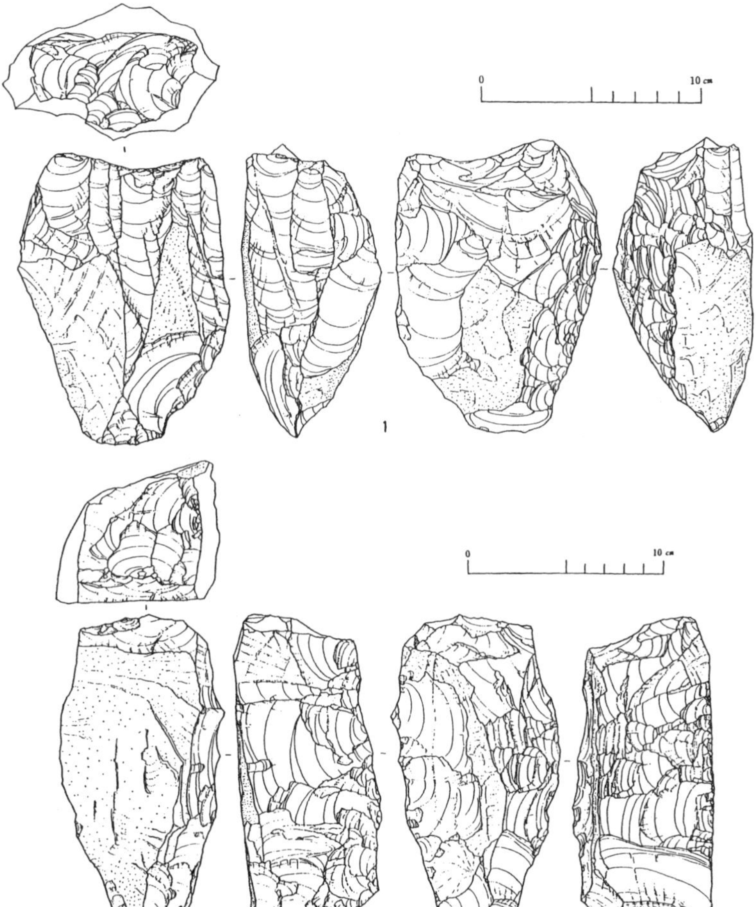

図19　茨城県山方遺跡出土の石核
1．石刃石核　2．反転盤状連続横打石核
（茨城県史料　1979による）

向の変化は石核の反転によるものと思われる（佐藤 1976：60)。打面を固定して調整を繰り返しながら打点を横にほぼ半周移動して、連続的に石刃を剥離している技術の洗練度からみて、後述の石子原遺跡・平林遺跡に後続する、その発展した姿であると考えられる。この種の石核から剥離されたと思われる石刃（同：第７図２）は、近年千葉県などで台形（様）石器に伴って出土している石刃（搬入品？）に近似する。石器は鹿沼軽石層の上方 40～50cm のところから出ているので、両者は時間的にもそれ程離れていまい。佐藤が推定したように岩宿Ⅰ以前であろう。この石核で更に注目すべき点は、その下半部に認められる連続横打剥離である。同じ方法による側面の剥離は次の石核にいっそう典型化してみられる。

図19-2 の石核は長さ 16.8cm、幅 8.6cm、厚さ 7.2cm、もともと盤状の原礫を利用したものと思われる。向って右側面は裏面から、左側面は表面から打撃され、両側面に広い剥離面が並ぶ。この側面の剥離は、前例同様石核の反転を伴うものであろう。側面における剥片の剥離が優越し、前例に類する石刃の剥離は行われていない。従って剥片石核とみられよう。側面剥離の結果、石核の横断面は菱形を呈する（同：60-63頁)。剥片は素刃石器か台形（様）石器の素材として使われたと推測されるが、残念ながらその種の石器は見つかっていない。山方遺跡の「反転横打剥片石核」は、佐藤の認識通り権現山Ⅱにもあり、実見したところ極めて近似する。権現山例は両打面ともに調整が繰り返されている。山方遺跡・権現山Ⅱ例ほどには典型化していないが、同類の石核は後述の平林遺跡にもみられる。

第３の石核（同：第６図）は最大長 19cm、幅 12.7cm、厚さ 6cm、計28点の断片・剥片・砕片が接合している。原礫はほぼ偏平、右側では下面を打面として剥片を剥離し、4 剥離面が並列する。左側では上面の礫面を打面とし、縁辺に近い部分を打撃して、大型の剥片を二回連続して剥離している。打撃の方向は左右逆であって、この方法は上記二例の両側の剥離と共通する。残核の横断面は平行四辺形を呈する（同：63-65頁）。

長野県石子原遺跡

次に言及する平林遺跡の報告書同様、報告書で使われている用語とそこに込められた概念は、丹生・早水台以来のある観念、ある命題を明らかにするために用いられてきた硬直した石器認識を反映しているので、新しい現実的な認識によって読み替えが必要である。

剥片・剥片石器の特徴に乏しい当遺跡の石器群で注目されるのは石核類である。とりわけ岡村（1972）の分類によるⅠ類（祖型石刃石核）とⅡ類の共存がこの時期を特徴づける。前者（図20、1-3）は、打面調整を繰り返しながら同一打面の周辺に沿って打面から垂直に少なくとも５～６回連続的に剥片を剥離していく石核で、長幅指数が100前後の台形もしくは方形の剥片が複数生産されたものと考えられる。剥離が進み全周縁に及ぶものがあるが、さらに重ねて連続的に剥離を加えるようなものではない（同：48-51頁）。岡村がディスク（円形石器）と認定したもの（図20-4）は、実は石核であろう。この石核を中間に置くことによって、前段階の円盤形石核から祖型石刃石核への技術的進化の過程が推測できる。それは石核素材の厚みに応じた技術適応である。そして山方遺跡の石刃石核を経て、ナイフ形石器の素材生産を目的とするシステマティクな石刃技法に収斂していったと考えられる。後者の石核（図20-5）は筆者の謂う盤状連続横打剥片石核の祖型の、一方向に粗い打面調整を施した後、その縁辺に沿って２～３回連続的に幅広剥片を剥離していく石核で、この種の石核を反転して再度使用するのが山方例である。この技術の究極的に発展した姿は、専ら「ペン先形ナイフ」や台形（様）石器の素材生産を目的とする、岩手県上萩森遺跡や秋田県米ケ森遺跡のシステマティクな盤状連続横打技法にみられる。

上記2種の石核から剥離された剥片はある程度の規格性をもつが、各段階で生じる剥片をそれぞれ適当に使用しているらしい（岡村1978：23)。この剥片が何に使用されたかはっきりしない。だがこの種の剥片の使い道を推定するのに、「きわめて強い類似性をもった一群であり、石子原の石器を特徴づけるものである」(岡村1972:46) という石器（図20-6、7）についての岡村の観察と意味づけは極めて重要である。「①一側辺は鋭利なまま残され、そこにわずかながら使用痕が認められる。②基部加工が打面から側辺の一部にかけて施されている。③二次加工による意図的な尖頭器の作出はみとめられない。などにより機能的に後期旧石器時代のナイフ形石器に類似すると考えられる。(中略) 典型的なナイフ形石器との間にまだかなりのへだたりがあるが、斜軸尖頭器の一群がナイフ形石器の源流またはその出現に大きな影響を与えた石器と考えられる」(同：59-60頁)。この引用文中の斜軸尖頭器を素刃石器に替えるだけで本稿の筆者の論旨と完全に一致する。

近年千葉県で続出しているX層・Ⅸ層石器群の横打剥片を素材とする石器類（広義の素刃石器）の観察によれば、台形・切出形・超横長・尖頭形など剥片の形態に即して臨機応変に刃部の形態と位置（機能）を分化させて使っているようである。ナイフ形石器の形態に即して想定された機能分化（戸沢1968）の遡源がここにみられる。なかでも注目されるのは、超横長剥片を縦位置にし、両側下半部から基部にかけて加工された石器で、この種の石器の素材を石刃に変換すればナイフ形石器に進化する。その石刃が同時期の多くの遺跡で搬入品のような状態で出土するのも、筆者には意味深長に思われる。

福島県平林遺跡

当遺跡（木本・他1975）の石器分類は岡村道雄が担当しているので、それについて筆者が言うべきことはここまでにすでにほぼ書き尽くしている。ただ、筆者が二度実見したところでは、石核類とその剥片に対する認識を大幅に改める必要があることを付け加えておきたい。

平林を代表するというⅠ類からⅢ類の石核のうちⅢ類のルヴァロワ型石核とⅡ類の円盤形石核は、斜軸尖頭器石器群の終末段階で高度に発達した円盤形石核の退行化形態であろう。Ⅰ類は石子原遺跡のⅠ類とⅡ類、すなわち「祖型石刃石核」と祖型の盤状連続横打石核（図21-1、2）に対応する。確かにⅠ類の石核類はこの遺跡の剥片生産技術を特徴づけているが、それ以上に重要なのが盤状連続横打剥片石核（3）と、石子原型「祖型石刃石核」とは別種の「祖型石刃石核」である。前者には山方遺跡で詳細に説明した「反転横打剥片石核」も含まれており、素刃石器（4、5）の素材剥片が剥離されている。後者は角柱状あるいは板状の石材を素材として、その小口あるいは稜の部分から１～３枚の厚手の縦長剥片（6、7）を剥離している。連続横打剥離痕と縦長剥離痕とが同一個体にみられる例もあり、これも山方遺跡例を連想させる。しかし、ここでは長幅指数150以上の縦長剥片が30点（11.8%）出ているものの、多くは不規則で特定の石器の素材として意図的に生産されたものではない。

「石刃石核の祖源を亀甲形石核のみでなく別形態の石核の中でも追求する必要」（稲田・小野 1971：25）が指摘されて久しいが、石子原→平林→山方という方向で各石器群中の石核類を検討することによって、ここにようやくその一端を明らかにすることができた。

東京都武蔵台遺跡

武蔵野台地における立川ロームⅩ層で時期の異なる二つの石器群を初めて分離・出土した武蔵台遺跡は、既に述べた移行期の３遺跡の石器群では漠然としていた、石刃製ナイフ形石器が先行の斜軸尖頭器石器群を構成した素刃石器類から発生したことを示す重要な手掛かりをも与えてくれる。

Xb文化層出土の総数60点の剥片石器を報告者の横山裕平は7つの類型に分類している（都立府中病院内遺跡調査会1984：45-9）。そのうち第Ⅰ類「平行剥離痕を有するもの」（図22-1、2、3）、第Ⅱ類「抉入刃部を有するもの」（4、5）、第Ⅲ類「鋸歯状の二次加工を有するもの」（6）、第Ⅴ類「二次加工の剥離面の大きさが均一でなく、急角度のもので剥片の打面あるいは縁辺を折り取るような加工のみられるもの」（7、8）は、広義の素刃石器の範暗に入るもので、技術・形態的に斜軸尖頭器石器群のものと近似する例を多く含んでいる。しかし、盤状連続横打剥片石核にしろ、「回転系多打面型」や「置換系打面交代型」石核（田村1986：34）にしろ、台形（様）石器の制作を目的とするシステム化した剥片剥離はまだ見られないようである（都立府中病院内遺跡調査会1984：54-5）。また、第Ⅳ類「彫器」（9、10）、第Ⅵ類「剥片の一端に先頭部を作出されているもの」（11、12、14）、第Ⅶ類「楔形石器」（13）はいずれも同じく斜軸尖頭器石器群を構成している石器であって、数が増えていることと縦長剥片を散発的に利用していることに、この種の石器の若干の進歩のあとがみられる。他方、斜軸尖頭器石器群を特徴づけていた斜軸尖頭形剥片やそれを素材にした削器・尖頭器類がまったく見られない。代わってこの石器群を特徴づけているのは石斧類で、打製石斧が2点、局部磨製石斧が5点、刃部破片が1点、刃部再生剥片を含む同一母岩、その他製作時に剥離されたと考えられる多量の剥片が出土している（同上：49）。

Xa文化層出土の石器群にみられる新しい要素は、縦長剥片製のナイフ形石器（図23-4、5、6）と台形（様）石器—報告書ではヘラ状石器（1）・スクレイパー（2）として分類されている—で、しかも黒曜石が使われていることも注目される。ただし、縦長剥片製のナイフ形石器は黒曜石製・チャート製のいずれも、超横長剥片を縦位置に使い、側辺から基部に平坦剥離を加える素刃石器に類縁する。「末端の薄く断面が鋭角になる部分にインバースリタッチにより粗鋸歯状の二次加工がみられ、背面側にも同様に細かな二次加工が見られる」石器（3）は、座散乱木遺跡第13層などに現れていた石器（図14-7、8、9、10）の系譜であろう。黒曜石製の「局部磨製石斧」(7）に関しては、極端に器厚が薄いことから報告者の横山自身、「したがって平面形が直刃であり、断面が薄い本遺跡資料、多門寺遺跡、房谷戸遺跡資料は共に石器群の組成上「石斧」的なものと異なる位置づけが必要となろう」(同上:31）と述べている通り、これもやはり斜軸尖頭器石器群の新しい段階に現れていた「クリーバー」とか「篦状石器」の系譜をひく石器である。更に、不定形剥片素材の切断調整による石器が多い点にも、以前からの伝統がなお色濃く残っているのが感知される。

武蔵台遺跡 Xb 文化層と Xa 文化層の石器群間には、後者における石刃製ナイフ形石器の本格的出現のような型式上の表面的ギャップが見られるものの、それ以前の伝統文化の進行が両者に共通して認められた。連続性と断絶性の視角から画期を考えるとすれば、石刃製ナイフ形石器の出現という現象よりも黒曜石や局部磨製石斧の出現のほうが本質的な変化を意味しているのかもしれないが、現在私達が持っている理論と方法では推し測ることもできないので、便宜上従来通りにXb層とXa層の間で線を引き、前者を移行期に、後者をナイフ形石器群の草創期に属しめておく。

4.　1990年の「1989年の歴史学界、考古一」(『史学雑誌』99編5号、11-17頁）からの抜粋。

コメント

『史学雑誌』の「回顧と展望」への二度目の登場で、考古学のパラダイム転換を提唱しだしたころなので、「技術を媒介とする人間と自然との生態的関係＝歴史の構造的編成と段階的進展の具体層を実証的に跡づける作業の実践」、「石器群の即物的な理解から間集団—対環境の社会生態学的解釈の道を探る時期」の到来を告げる評論となっている。

日本列島における旧石器文化の変遷は、大陸との関係を重視して、各時期の新要素の出現を大陸からの伝来として説明される傾向が強い。このことは狩猟対象としての哺乳動物相の変遷が、大陸南部や北部からの「渡来」と「絶滅」の繰り返しによって説明されてきたことと無関係ではない。ところが河村善也他「日本の中・後期更新世の哺乳動物相」(『第四紀研究』28-4) によれば、動物群は中期更新世の中期以来日本特有の森林環境への適応や地理的隔離によって固有化した固有種の割合が高いという特徴がある。後期更新世前期になって新たに大陸から渡来したと断言できる種類は見られず、後期になってウマ・ヘラジカ・オーロクス・バイソンが大陸北部から渡来したが、このようなことがこの時期の動物相の特徴を大きく変えることはなかった。古生物学上のこの新しい見解は、安斎正人「斜軸尖頭器石器群からナイフ形石器群への移行」(『先史考古学研究』1、1988) が提示した、中期旧石器時代から後期旧石器時代への移行は列島内での適応的進化であるという観点を補強する。

宮城県における「前期旧石器」研究の進展により日本「前期旧石器」

存否論争は終結したが、それだからといって北関東の「前期旧石器」問題がすべて解決したとは言い難い。戸田正勝「北関東前期旧石器の諸問題」(『大平台史窓』8) が上富士遺跡・星野S地点の資料を駆使して、北関東の「前期旧石器」群の発展過程を日本「前期旧石器」時代の流れの中に正しく位置づけようと試みている。今日では殆ど否定されてしまった珪岩製の旧石器を二群に分け、上富士石器群と共通する特色を備えている星野第3地点・岩宿D地点・大久保例は破砕礫 (偽石器) であると判断する一方で、良質の青色珪岩を使用した星野S地点石器は斜軸尖頭器石器群と系統的に連絡する様相を持ち、この石器群の母体となるものであるとして、星野S地点→不二山→山寺山→権現山1→入ノ沢下層→入ノ沢上層→桐原→権現山2という編年案を提示した。星野S地点石器の解釈は必ずしも説得的ではないが、戸田のいつもながらの着実な分析的手法で該期の石器研究に見られる強張りを解きほぐしている。ただし、あくまでも暫定的呼称であった「前期旧石器」を、設定の前提が崩壊した今日、再定義なしにカッコを外して使うことは学問上のルール違反であろう。列島内での特殊進化を意味する場合には斜軸尖頭器石器群 (文化) を、大陸との対比を念頭に置いた一般進化を意味する場合には中期旧石器時代 (段階) を使ってはどうだろう。

斜軸尖頭器石器群に先行する前期旧石器段階の石器群は確実な資料がいまだ乏しい。「文化庁の権威を借りて、自然石ではなく石器であることを明らかにしようと意図した」とまで言われた紅村弘が、執念を燃やして『加生沢遺跡石器資料写真集』(自費出版) を出版した。以前石器類を実見した際には、小型石器は斜軸尖頭器石器の一群と見做したのだが、最近発見された東京・群馬・福島・栃木の斜軸尖頭器石器類と写真の石器類を見比べてみると違和感を覚える。あるいは大型石器とともに馬場壇A遺跡20・33層や中峯C遺跡Ⅶ層の小型石器とは時間的にも系統的にも離れた前期旧石器なのかもしれない。いずれにしても「自然の産物である化石も文化財である。いやしくも石器か石器でないか議論の対象となったからには、この「石」はそれだけで十分学術的価値を持つ文化財だ」（佐原眞『日本人の誕生』〈大系日本の歴史 1〉小学館、1987）などと言って済ませず、紅村が言うように「加生沢遺跡の存在は、これまで無視されることもあったが、実際は重要な問題を秘めている資料である。旧石器関係の専門研究者におかれては、検討の対象とされるべきである」。

5.　1991年の「日本旧石器時代構造変動試論」(『岩手県山形村　早坂平遺跡—原石産地遺跡の研究—』99-120頁）からの抜粋。

コメント

道路改修工事に伴って見つかった石器類に関して、名久井文明氏から連絡を受け、1989年に急遽調査団を結成して発掘調査を行った。その早坂平遺跡の報告書の総括文。当時、北上山地以東の地域では旧石器時代の遺跡の本格的調査は初めてであったので、列島の旧石器時代における早坂平遺跡出土石器群の位置づけを、村民に説明するという想定のもとに書いたのもである。

はじめに

日本列島における旧石器文化の変遷過程は大陸との関係を重視して、文化の渡来要素を抽出しては時期区分の目安にし、その節目節目を大陸からの新しい文化を持った人間集団の到来、つまり伝播論で説明される傾向が強いようです。このことは旧石器時代の主たる生業が狩猟であり、その対象としての哺乳動物相の変遷が東南アジアや東北アジアからの動物群の「渡来」と「絶滅」の繰り返しによって説明されてきたことと無関係ではありません。すなわち、陸橋が形成されるたびごとに、新たな狩猟民が移動してくる動物群を追って次々に陸続きとなった旧列島にやって来ては興亡を繰り返していた、という歴史のシナリオを多くの考古学者はアプリオリに前提としてきたのです。

ところが日本の中・後期更新世の哺乳動物相についての最近の古生物学上の見解によると、動物群は中期更新世の中葉以来、日本列島特有の森林環境への適応や地理的隔離によって固有化した固有種の割合が高いという特徴があるそうです。そして後期更新世前葉になって新たに大陸から渡来したと断言できるような種類が見られず、後期になってウマ・ヘラジカ・オーロクス・バイソンが大陸北部から渡来したが、この現象が当時の動物相の特徴を大きく変えることはなかったそうです。この古生物学上の新しい見解は従来の考古学的考え方に沿ったとしても、前・中期旧石器時代から後期旧石器時代への移行、つまり斜軸尖頭器石器群からナイフ形石器群への移行が列島内での〈適応的構造変動〉であった、という日本旧石器時代観を補強するものでしょう。

日本の基層文化としての北方系細石刃文化に注目するにせよ南方系照葉樹林文化を考えるにせよ、日本先史文化の源流を大陸に捜し求め、列島への新しい文化的要素の出現は大陸から日本列島へ複数回人間集団が少しずつ拡散してきた結果である、という伝播論的歴史の見方を再検討する時期に来ているように私は思います。先史時代の文化伝播をいうとき、一般には物質、例えば「渡来石器」が時間の経過につれて空間的場所を移動するだけであって、「渡来石器」自体は自己同一的であると見做され、周囲の具体的存在は捨象されてしまいます。伝播論においては伝播物のみがもっぱら実体性を保持し、周囲の存在との関係は編年的な座標軸としてしか問題になりません。がしかし、伝播とは周囲の具体的な時空間的存在との実在的な関係なのです。伝播と称されるものは周囲の存在との作用的な関係の過程、つまり布置的関係態の変化にほかなりません。文化要素が場所だけを変ずるのではなく、実際には渡来を一契機とする周囲の関係態が布置的に変化するわけです。それゆえ、伝播による文化的変化なるものを真実態に即して捉えようと図る場合には、関係態の編制的変化を捉えるのでなければならないのです。そういうわけで、東アジアを系統論の視角からそろそろ開放して、大陸―日本という政治地理学的区分によるのではなく、〈周日本海生態系〉における時間

—空間構造の段階的変動というモデルの開拓を図るべきではないでしょうか。

そしてその際には、文化の変遷過程における「特殊進化」の側面と「一般進化」の側面との違いははっきり認識されなければなりません。「個別的な文化形態の歴史的発展は特殊進化であり、適応を通した系統発生的な変形である。このようなプロセスの理解にとっては、明らかに自然環境と超有機体的環境との両方が欠かせぬものとなる。諸々のクラスの形態が展開してゆくのは——いいかえれば文化が全体的進歩の諸段階を通ってゆくのは、一般進化である。このプロセスは系統発生的でもないし、それ自体は適応のプロセスでもない。したがって環境は『一定』であり、あるいは無関係だといった方がよい」(M.サーリンズ、E.サーヴィス著・山田隆治訳『進化と文化』、69頁)。サーリンズらはこのように言っています。とはいっても「特殊進化」と「一般進化」とは歴史的実態の両輪の関係にあって、歴史の場では常に同時に表現されております。「生態史観」と「唯物史観」の双眼的視点を必要とする所以です。

ところで1980年代に入って、宮城県の石器文化談話会が中心となった活動によって発見、発掘調査された「前期旧石器」遺跡は34ヶ所を数えます。断面採集資料を含めると、それらの遺跡から総計で約850点にも及ぶ石器が収納されています。岩手県、山形県、福島県、栃木県、群馬県、東京都などの資料を加えると、日本旧石器時代研究の念願であった前期—中期—後期の三時期区分の見通しがついてきました。ここに至って私は、列島内での特殊進化を含意する場合には、〈小型剥片石器群（文化)〉・〈斜軸尖頭器石器群（文化)〉・〈ナイフ形石器群（文化)〉を、大陸との比較を念頭に置いた一般進化を含意する場合には、前期旧石器段階（時代)・中期旧石器段階（時代)・後期旧石器段階（時代）を使うことにしました。

Ⅰ　前期旧石器時代

前期旧石器段階の石器群は確実な資料がいまだ乏しい状況にあります。石器は中期段階と比較した場合ですら石材選択・石核調整・剥片整形に首尾一貫したところがなく、場当たりてきに作られているため素材に制限された形態をとっています。宮城県中峯Ｃ遺跡Ⅶ層出土の石器群が、特定のインダストリーを設定するには点数が少なく、型式学上のパターンも明確ではありませんが、同県馬場壇Ａ遺跡33・32・20層や青葉山Ｂ遺跡でも出土した類例を加えると、その性格がある程度推測できるようになってきました。遺物は玉髄・碧玉を主体とする小型の剥片石器89点と、安山岩・流紋岩・石英など粗粒の石材を用いる大形の礫石器17点が掘り出されています。小形の剥片石器には定型的石器は見られませんが、切出状・両面半両面・彫刻刀・両極石器・錐状に整形した石器とノッチ・スクレイパーなどが識別できるようです。大形の礫石器は後出の同県座散乱木遺跡15層・山田上ノ台遺跡下層・志引遺跡９層の石器類と共通するといいます。この石器群にはフィッション・トラック法と熱ルミネッセンス法によって約37万年前の年代が与えられていますが、その数値は半分程度だという意見が強いようであります。いずれにせよ、下末吉海進期以前だとすれば、石器は、氷期に内陸の寒気を避けて朝鮮半島ないしカラフトを南下して渡来した周口店動物群、あるいは黄土動物群を追ってやってきたホモ・エレクトゥス段階の人類の所産であった可能性も考えられるでしょう。

四次にわたる発掘調査によって、現地表下6.3mまで33枚の堆積層を確認し、その間に12枚の生活面を検出している馬場壇Ａ遺跡において、広域火山灰・暗色帯・古赤色土の層準を含めた江合川中流域のテフラ編年と各種の理化学的年代測定結果から、当該石器群の年代的位置づけはより確実性を得てきています。それによりますと、33・32・30層が20〜

16万年前、20層上面が13〜11万年前あたりだそうです。ここの小形剥片石器の中に、寸法·形態に限らず、切断または平坦剥離による側縁処理や、未加工の鋭利な遠端縁辺を刃としていることなど、次の段階の〈素刃石器〉を連想させる石器が認められます。直接の関係については断言できませんが、台形（様）石器のはるか遠い始原的形態であるかもしれません。究極的には前期旧石器段階の小形剥片石器群の伝統の中から、中期旧石器段階の斜軸尖頭器石器群の発生が起こったのであろうと考えています。

宮城県における「前期旧石器」研究の進展によって日本「前期旧石器」存否論争は終結しましたが、それだからといって他地域の「前期旧石器」問題がすべて解決したわけではありません。愛知県加生沢遺跡の小形剥片石器類は斜軸尖頭器石器の一群かとも思われますが、最近発見された東京都多摩ニュータウン No. 471-B 遺跡、群馬県入ノ沢遺跡、福島県上野出島遺跡、栃木県七曲遺跡などの斜軸尖頭器石器類と比べてみると、違和感を覚えます。あるいは大形石器類とともに馬場壇 A 遺跡20層上面や中峯 C 遺跡Ⅶ層出土の石器とは、時間的にも空間的にも離れた前期旧石器なのかもしれません。加生沢遺跡の存在はこれまで無視されてきましたが、実際は重要な問題を秘めている資料です。旧石器関係の専門研究者は今後検討の対象とすべきでしょう。同じような状況に置かれているのが、大分県丹生遺跡の石器類です。最近再整理されましたが、ここには連続横打剥離石核と局部磨製石斧をセットとする石器群から神子柴系石器群まで、大野川流域の既知の旧石器が揃っているようです。問題は縄文時代を含めて何れの時期にも置きようのない大形石器類です。次に北関東の珪岩製「前期旧石器」の真偽について一言触れておきます。星野第三地点・岩宿 D 地点・大久保例を破砕礫（偽石器）であるという判断を提示した研究が最近発表されましたが、論証は明快で説得的です。

Ⅱ　中期旧石器時代

馬場壇Ａ遺跡19層上面の石器類が、恐らく今後、前期／中期旧石器時代の過渡期を考察する際に問題となる石器でしょう。中／小形の剥片類は10層と７層の石器に類似しており、多面体石核や円盤状石核の存在が推測されますが、両極打法を多用する剥離法や剥片形態に規格性が認められない点など、剥離は場当たり的な印象を受けます。さらに、より下層に顕著な粗粒の石材を用いた大形石器も多いことを勘案して、いわば先斜軸尖頭器石器群といった性格を与えておきます。宮城県志引遺跡９層上面の、粗粒の石材を主体とする第７遺物集中地点と細粒の珪質頁岩や粘板岩を主体とする第８遺物集中地点のあり方のような、機能的な組成分化もあるようです。良質の青色珪岩を使用した群馬県星野遺跡Ｓ地点の石器に同様の意味づけをしている見解がありますが、その表採石器の解釈は必ずしも説得的ではありません。発掘調査が必要でしょう。

中期旧石器段階の石器群は、「座散乱木」以前にすでに認識されていたように、打面を数ヵ所に転移しながら固定し、比較的整った台形や三角形の剥片を生産して、剥片の長軸と打撃の方向のずれるこれら〈斜軸尖頭形剥片〉を素材として、尖頭器や削器を作り出しているのが特徴です。この石器群を後期旧石器段階のナイフ形石器群に対置して斜軸尖頭器石器群と呼ぶことにします。かつて、この段階を同定しようとしてルヴァロア技法の存在証明が探し求められましたが、列島内には存在しないことが分かりました。剥片剥離技術ばかりでなく、器種組成や剥片整形技術の面においても、斜軸尖頭器石器群はムステリアンの定義要件を満たしておりません。しかしながら、ある種の規格化が進み、剥片剥離技術にパターン化もみられて剥片に定型化の兆候もあり、さらに加えて、石器のなかにはムステリアンの石器を連想させるものも認められるなど､〈類ムステリアン剥片インダストリー〉と言えないこともありません。

この石器群は、大雑把に言って、小形・中形・大形の機能的な三種の石器類から成り立っています。

小型石器は、剥離のある程度進んだ円盤状石核を利用したり、連続的な横打剥離で結果的に盤状、方形、チョッピングトゥール状の残核を生じる剥離法により生産する貝殻状や台形の小剥片を素材として、その遠端か側縁を未加工のまま刃部とし、切断・平坦剥離整形で台形様に仕上げられています。この種の石器類は技術・形態学的には多様な表現をみせていますが、次のナイフ形石器群の主要器種である台形様石器とナイフ形石器へと発展し変形していく石器ですので、未加工の鋭い刃部に注目して、一括して〈素刃石器〉と呼んでおきます。台形様石器とナイフ形石器が急斜度剥離の基部調整を特徴とするのに対し、〈素刃石器〉はいまだ切断と平坦剥離の側縁調整にとどまっています。

中形石器は、打面と作業面を交替させながら打点を頻繁に移動させ、結果的に不定形の残核を生じる剥離法、あるいは打点を素材の周縁沿いに移動させ、結果的に円盤状の残核を生じる剥離法により生産する斜軸尖頭形の中形剥片を素材とし、その形態をいかしながら機能部を二次加工して尖頭器や削器に仕上げられるものです。

大形石器は、前段階の礫石器の系譜を引きながらも、平面形態を楕円形や撥形や短冊形に整えた打製石斧、あるいは両面加工で基部を作り出した「ヘラ状石器」という新しい器種が加わってきます。

以上の石器組成を特徴とする斜軸尖頭器石器群は古・新の二時期に分けられ、古段階で７～4.3万年前、新段階で4.3～3.3万年前ぐらいの年代が与えられています。一応の目安となるでしょうが、技術形態学的同定が急がれます。それぞれの標準資料としては、前者については馬場壇Ａ

遺跡10層上面、後者については同７層上面と座散乱木遺跡13層上面の石器類が挙げられます。両者は相互に近似してますが、時間が下るにつれて剥片剥離法・剥片整形法がいっそうパターン化してくるため、石器の形態が整ってきます。

古段階の石器は、打面を頻繁に転移する多面体石核や円盤状石核から剥離された〈斜軸尖頭形剥片〉と、それを素材とする尖頭器・削器を主体としており、斜軸尖頭器石器群の名前にふさわしいものです。中にはムステリアンのデジェテ型やコンヴァージェント型削器を偲ばせるものも珍しくはありません。小形剥片の整形には切断手法が多用されていますが､後の台形様石器やナイフ形石器に進化する祖形態も認められます。それらの小形剥片の一部は、石核の素材を横に使って連続的に剥ぐ手法で作り出されたようです。この技術が後に発展すると、厚手の薄片の主剥離面に残る打瘤部の厚みを意図的に利用して、台形様石器の素材剥片を準備するようになります（〈連続横打剥離法〉)。

新段階になると、後期旧石器段階初期の台形様石器の直接的な祖型である〈素刃石器〉とその素材となる小形の貝殻状・台形剥片が数量を増し、技術形態的に整ってきます。〈斜軸尖頭形剥片〉も古段階のものと比較した場合、形が整ってきて長軸に対してほぼ対称の三角形を呈するようになります。技術的進化の観点から、次の移行期の段階には打撃の方向と長軸の一致する長形の三角形剥片が出現するであろうと予測できます。この新段階を特に明示する石器として、両面／準両面加工によって素材剥片の形態を変形させて尖頭器を作り出した石器があります。現在のところ、この小形の尖頭器類が最良の示準となるかもしれません。馬場壇Ａ遺跡７層上面と座散乱木遺跡13層上面の石器類を比べると、後者に二次加工と切断技術の進歩がみられ、尖頭器と〈素刃石器〉はさらに斉一的な形態を獲得しています。〈素刃石器〉とは素材剥片とその整形法が共通するものの、調整剥離面と主剥離面が交わり作る縁辺をそのまま刃部（素刃）にするのではなく、比較的整った二次加工で掻・削器用の刃を付けた石器が座散乱木遺跡13層上面に多く認められるもので、これも新段階を特徴づける石器かもしれません。後期旧石器段階初期の石器群にもこの石器はしばしば混じっています。この段階の示準石器といえば、打製石斧とともに「有舌石器」・「クリーバー」・「篦状石器」などと呼ばれる両面加工で基部を作り出した平刃の大形石器が新たに登場していることを見落とせません。いずれも次のナイフ形石器群へと続く石器です。とりわけ石斧は、側縁の細部調整の顕在化、平滑原礫面の有効利用から研磨刃部の採用、刃部・側縁稜線の側面観の直線化、石器素材の扁平化等の諸要素が収斂して、後期旧石器段階の局部磨製石斧へと発展していきます。石斧の機能的特殊化は、列島人がここに至って森林生態への適応能力を獲得したことを示す物的証拠でしょう。

石器の出土層位に基づいた斜軸尖頭器石器群の群馬県における、不二山→山寺山→権現山１→入ノ沢下層→入ノ沢上層→桐原→権現山２という変遷観に従って、順に石器を見ていけば、各遺跡での石器資料数が乏しいながらも、宮城県の資料に基づく石器群の技術・形態的進化過程についての説明が納得いくと思います。例えば、さらに南に目を転じて、東京軽石層（TP）を挟んでその上から10点、下から３点の計13点の石器が見つかった多摩ニュータウン No. 471-B 遺跡の石器群をみてみますと、下層の両面加工によって基部を作り出した平刃の石器や上層の尖頭器の存在からみて、〈素刃石器〉を欠いているものの斜軸尖頭器石器群の新しい段階に位置づけられます。流紋岩を専ら素材にしたり、調整剥離が大振りであったりして、中期旧石器時代の東北と関東では石器の技術・形態的に地域差が生じ始めていたことを窺わせます。また、ここで強調しておきたいのですが、権現山１の「反転横打剥片石核」が福島県平林遺跡と茨城県山方遺跡と千葉県草刈六之台遺跡でも出ており、この特殊に発展した石核の進化論的重要性が指摘されます。

Ⅲ　中期／後期旧石器時代移行期

次のナイフ形石器群段階へ移る過渡期の状況はよく分かっていません。3万年前前後の資料が乏しいため、斜軸尖頭器石器群からナイフ形石器群への移行が漸移的な進化であるのか、それとも断続的な躍進であるのか即断できませんが、最終氷期を通じて朝鮮海峡が陸化することはなかったとも言われていますし、両石器群で系譜関係を有する石器が少なくないことなどから、大陸からの別系統の石器群を有する集団がやって来て、在地人と交替したとは考えられません。

斜軸尖頭器石器群からナイフ形石器群への移行期を考察する場合、斜軸尖頭器石器を特徴とする文化の終焉をナイフ形石器群まで下って見届け、同時に、ナイフ形石器を特徴とする文化の誕生を斜軸尖頭器石器群まで遡って追究する研究戦術を必要とします。ここでは私が〈系統的個体識別法〉と呼ぶ石器観察法が有効です。この方法によって、例えば、中山谷・高井戸東・鈴木小学校地下通路・武蔵台Ｘb などの諸遺跡で出ている、ナイフ形石器文化の最初期の石器群に特徴的な、縦打または横打剥片を縦位に使用してその基部に簡単な調整を施したいわゆる「祖型ナイフ」と、七曲・安沢・権現山2などそれ以前の遺跡に散見される基部加工縦長剥片とを関係づけることができました。また、前述の「反転横打剥片石核」の重要性もこの方法に基づいて認識されたものです。

移行期の実態を明示する遺跡はまだ調査されていません。しかしながら、宮城県安沢Ａ遺跡の断面採取石器などからある程度予想が可能です。同遺跡13層上面採取の石器は、先に述べた座散乱木遺跡13層上面の掻・削器用の刃を付けた石器類の一員であろうと思われます。次の12層上面の円盤状石核で注目されるのは、打点がもはや周縁を廻るのではなく両端に限定され、縦長剥片が連続的に剥離されていることです。打撃方向と剥片の長軸が一致する縦長三角形剥片も採集されている点が重要です。この面からは打製石斧も採取されています。安沢成層直上採取の2点の縦長剥片も興味深いものです。1点には基部加工が認められるし、他の1点は背面の剥離痕から判断すると、寸詰まりながら縦長剥片の連続剥離が行われていたことを示しているからです。ただし、両例とも厚さが厚すぎて、ナイフ形石器の素材にするためには、薄く剥ぎ取る技術の確立を待たねばなりません。11～9層でも同種の縦長剥片が採取されています。これらも特定器種の素材として作り出されたものではなく、場当たりてきに使われたようです。9層上面からはおもしろい石器が採取されています。基部調整の〈素刃石器〉すなわち台形様石器の出現という意味においてのことです。

以上説明してきた諸点、および武蔵野Ⅹ～Ⅸ層相当出土の石器の観察結果から、ナイフ形石器文化期の石器製作にみられる「二極構造」、ないし個別石器群の廃棄形態にみられる「二項的モード」の成立過程は以下のようであったと推測されます。

技術進化の過程はすでに説明したように中期旧石器時代の新段階から始まります。この段階には小形剥片石器（素刃石器）と中形剥片石器（削器・尖頭器）の二つの製作法が特徴的に存在していました。それぞれの素材剥片の作出法に注目してみると、前者は打面を固定せずに打点を頻繁に転移する方法から、基本的には打面を固定し打点を横に移動する方法（連続横打技法）へ進化します。旧い剥離法も存続、進化していくことは言うまでもありません（いわゆる「サイコロ状石核」を残す剥離法）。話は飛びますが、この横打技法が後に特殊化したものが米ヶ森技法であり、さらに打面と作業面が交代して打点が後退するようになったものが瀬戸内技法ではないかと考えています。

さて、後者すなわち〈斜軸尖頭形剥片〉剥離の方は、打点を周縁に廻らす方法から打面を一端あるいは両端に固定し打点の振幅を狭める方向へと進化していきます。それとともに剥片の形態は次第に対称的となり、長狭化してきます。この剥片の〈縦長指向性〉は別の技術系統に属すると思われる福島県平林遺跡でも顕著です。ここでは角柱状あるいは盤状の石材を素材として、その小口ないし稜の部分から１～３枚の厚手の縦長剥片を剥離しています。今のところ縦長化した剥片がどのように使われていたのか不明ですが、この種の剥片の基部に簡単な剥離加工の施した例が散見されることが注目されます。いわゆる「祖型ナイフ」との類似に注意を向ける場合、この基部加工は見落とせません。

次に〈素刃石器〉の進化を見てみましょう。この種の石器は切断と平坦剥離によって側縁を調整されていましたが、素材の形態に応じて台形・矩形・扇形・切出形・尖頭形等、多様な形態が見られます。ここで注目されるのが、一方で剥片の縦長傾向が顕著になってきたときに、横打ながら横に長い剥片を縦位に使用して側縁調整を加え、先端から一側上半部の未加工部を刃部とした〈素刃石器〉が現れたことです。恐らくこの種の石器が果たした機能の延長上にナイフ形石器の発生と発達の基盤があったと考えています。横打であれ縦打であれ、作出された剥片の中から機能的な剥片を選出して素材とする段階（茨城県山方遺跡や武蔵台遺跡Ｘｂ層の石核に両剥離痕の共存例が見られる）を経て、石器の素材として専ら縦長剥片が用いられるようになり、側縁調整が次第に基部調整に変化していったものが「初期ナイフ形石器」の姿なのです。また、初めは〈素刃石器〉と区別がつきにくいのですが（武蔵台遺跡Ｘｂ層）、平坦剥離から急斜度剥離（ブランティング）の併用に、側縁調整から基部調整の併用に移行していくにつれ、「初期台形様石器」の形態が整ってきます（武蔵野遺跡Ⅹa層)。

このような石器製作技術上の向上あるいは構造化の背景には、同時に知性の増加による社会的能力の向上とコミュニケーションの向上があったでしょうし、それらの向上は生計をたてるパターンの複雑化を、したがって社会的複雑さの増加を引き起こしたことでしょう。そのように推測されるのですが、考古学研究の現状はその構造の解明に程遠いものです。

6.　1991年の「ナイフ形石器群の発生—日本旧石器時代構造変動論（2）—」(『東京大学文学部考古学研究室紀要』第10号、103-127頁）からの抜粋。

コメント

該当部分は、『理論考古学—モノからコトへ—』の中にほぼ同じ文章で再録しているので省略する。下記の「8．1994年の…」の「第三節　ナイフ形石器の出現」の部分である。

7.　1991年の「斜軸尖頭器石器群の進展—日本旧石器時代構造変動論（1）—」(『先史考古学論集』第１集、1-23頁）からの抜粋。

コメント

該当部分は、『理論考古学—モノからコトへ—』の中に若干文章の構成を変えて再録しているので省略する。下記の「8．1994年の…」の「第一節　小型剥片石器群（前期旧石器時代)」と「第二節　斜軸尖頭器石器群（中期旧石器時代)」の部分である。

8.　1994年の『理論考古学―モノからコトへ―』の「第二部　諸文化の発生」「第三章　日本列島の文化の発現」のほぼ全文を抜粋。

コメント

本著は前著『無文字社会の考古学』以後の数年間に発表した、四つのテーマ（考古学の理論・方法論、考古学の学説史、アジアの旧石器時代、日本列島の旧石器時代）に関する論文を補填して一書としたものである。第三章は、先に引用してある「斜軸尖頭器石器群からナイフ形石器群への移行」、「日本旧石器時代構造変動論試論」、「斜軸尖頭器石器群の進展」、「ナイフ形石器群の発生」の４論文に筆を加えたものである。

記憶が薄れているが、この本の執筆前頃から、「東北旧石器文化研究所」関係者との関係が悪化したため、発掘調査の現場と出土石器を見学することができなくなった。また発掘調査報告書も関連論文も刊行されなかったので、これが斜軸尖頭器石器群に関する最後の文章となった。

はじめに

先史時代観の弁証法（略）

相沢忠洋と藤村新一

日本旧石器時代研究史上、その開拓者としての相沢忠洋の功績は大きい。相沢によって発見された群馬県笠懸村岩宿遺跡の発掘が、杉原荘介の率いる明治大学考古学研究室によって行われた1949年は、日本考古学の一大画期と言われている。最近では当該期を「岩宿時代」と呼ぶ研究者も少なくない。相沢は岩宿をすでに敗戦の翌年に発見していたが、他にも1948年に新里村不二山遺跡と槍先形尖頭器を出す新里村元宿遺跡を、1950年には豊城町権現山遺跡、大間々町桐原遺跡、槍先形尖頭器を出す大胡町三ツ屋遺跡を、翌1951年にホロカ型細石刃核を出す宮城村桝形遺跡を、さらに1960年にも笠懸村山寺山遺跡を発見している。1967年に大型木葉形尖頭器を出す赤堀町石山遺跡を発掘し、1970年には赤堀町磯遺跡を、1973年にも新里村夏井戸遺跡を発掘している。それらの成果は共同研究者でありまた弟子でもあった関矢晃によって近年出版された(相沢・関矢 1988)。彼の功績は今日あらためて顕彰されていいだろう(関矢 1990)。

五万年前の湯の口軽石層（UP）の下位にあるチョコ帯といわれる暗褐色ローム層中から出た夏井戸遺跡と、ほぼ同時期とされる磯遺跡の「チャート製石器」の人工性には疑問が残るが、湯の口軽石層直下チョコ帯の上位の不二山遺跡の石器と、四万年前の八崎軽石層（HP）の下位にある褐色ローム層中の山寺山遺跡と権現山遺跡第一地点の石器は、宮城県北などで近年次々に発掘された所謂「前期旧石器」との対比によって、斜軸尖頭器石器群に属することが明らかである。したがって従来洋梨形を呈するミコキアン型のハンドアックスと呼ばれていた権現山遺跡の石器（第30図１）は、石斧の範疇に入れるべきものであろう。断面矩形の基部を作り出した特殊な形態であるが、千葉県出口鐘塚遺跡や草刈六ノ台遺跡の後期旧石器時代初頭の、基部を作り出した石斧に繋がるものであろう。同じくピック形ハンドアックスとされている石器（同２）も、横打剥片用の石核と見るべきであろう（安斎 1991b)。三万二千年前の鹿沼軽石層（KP）の下位にあるローム層の桐原遺跡の石器（同 3-6）は、中期から後期への移行期の石器群と考えられてきたが、相沢の良き理解者であった芹沢長介と関矢晃によって1992年に実施された共同発掘調査の結果、包含層はより下位になるらしい。関矢によれば、相沢の発見当時は鹿沼軽石層と八崎軽石層が混同されていたらしい。実際、今回出土の石器は斜軸尖頭器石器群に属するようである。他方、黒色帯と八崎軽石層に挟まれたローム層上半部の権現山遺跡第二地点の石器が移行期の様相を示している（岡村 1990b）。明治大学が発掘した岩宿遺跡の石器は一般に武蔵野台地のX／IX層相当期の石器群と考えられてきたが、佐藤宏之の言うようにVII層段階のものであろう（佐藤 1992）。相沢の採集品（同 7-9）こそがむしろX／IX層相当の古い一群と思われる。言い換えれば、岩宿遺跡の黒色帯の石器包含層は上下二枚あったと、著者は想定している。

1980年代にはいって、岩宿以後の旧石器探究における画期とも言える進展の時代を迎える。1975年に東北大学考古学研究室の助手や院生を加えた地域の同好者たちによって「石器文化談話会」が結成された。その会員たちは、宮城県北部の遺跡の分布調査と断面採集を続け、江合川中流域だけでも火山灰層中から1,100点余の石器を収納し、「前期旧石器」時代の遺跡を発掘して、その基本層序と各層出土の石器を明らかにした（東北歴史資料館 1985）。1976年から彼らが発掘に着手した岩出山町座散乱木遺跡では、1981年の第三次調査の際に、ついに4.1-4.4万年前の安沢火山灰層中から石器を検出して、「前期旧石器存否論争」に決着をつけた。1980年に仙台市教育委員会が調査した仙台市山田上ノ台遺跡では、2.6-3.2万年前の川崎スコリア層よりも下位の層準から石器が検出されていたが、翌1981年には仙台市北前遺跡からも同様の石器が発掘された。1983年には多賀城市志引遺跡と大和町中峯C遺跡とが発掘調査された。中峯C遺跡最下層のVII層の石器は、玉髄・碧玉などの珪質で細粒の石材を使った全体に小型のもので、それまで宮城県で確認されていた石器群とは様相を異にしていた。生活面より1メートル上の軽石層は、熱ルミネッセンス法で約14万年前、フィッション・トラック法で約21万年前、生活面の直上、直下の火山灰は熱ルミネッセンス法で約37万年前と測定された。1984年に石器文化談話会が発掘調査を行った古川市馬場壇Ａ遺跡は、以後、東北歴史資料館との共同調査によって88年まで六回の発掘が行われ、合計八枚の層の上面から「前期旧石器」が出土した。そのうち第20層上面と32-a・33層上面の石器が、中峯Ｃ遺跡Ⅶ層の石器と一群を構成する特徴を有していた。84年に調査された東北大学構地内青葉山Ｂ遺跡の11-d層上面の石器もこれに類似する。1985年には岩手県金取遺跡からも「前期旧石器」が発掘された。そして1987年にはついに東京都多摩ニュータウンのナンバー471-B遺跡でも、約５万年前の東京パミスを挟んで上下二枚の層から石器が発掘され「前期旧石器」の汎列島分布を予感させた。この年には宮城県柏木遺跡で鎌田俊昭が六箇所の遺物集中地点を確認している。また1988年と91年・92年に発掘調査が行われた築館町高森遺跡からは、約29万年前の中里第三軽石層よりもはるかに下位、後沢第一テフラの下で、馬場壇Ａ遺跡や中峯Ｃ遺跡と共通する特徴を持つ石器を、馬場壇Ａ遺跡最下層よりはるかに古い層から検出した（第31図）。高森遺跡は50万年前に遡るとも言われている。宮城県南部でも1990年に梶原洋が発掘調査を行った小泉東山遺跡で、6.4-9万年前の愛宕軽石層の下から石器が出土した。1989年には福島県でも上野出島遺跡と大平遺跡が発見され、翌年と翌々年の二度にわたって柳田俊雄が発掘調査を行った大平遺跡では、4.5万年前の行川第２パミスと4.5―4.7万年前の大山倉吉軽石層（DKP）に挟まれた層の石器群が確認された。同じく柳田が1992・93年に発掘調査を行った同県竹ノ森遺跡でも、大山倉吉軽石層の下位、７―９万年前の阿蘇-4火山灰の直上と、９―10万年前の洞爺火山灰の下位にあるといわれる安達太良―松川テフラの直下の二枚の層から石器を検出した。1993年の夏には下層の拡張発掘が行われ成果を挙げている。

1980年代に入って宮城県北で集中的に行われた「前期旧石器」探究の波は、今や福島県を越えて関東地方にまで達している。今年に入って宮崎県からの出土も報じられた。この「前期旧石器」調査の隆盛は、関連石器のほぼすべての発見に関与している石器文化談話会の藤村新一の存在がなくてはあり得なかったかもしれない。藤村の「異能」はいまや周知のことであり、彼らにとっての新開拓地である山形県でもいかんなく発揮されて柏原遺跡を発見し、1993・94年に鎌田俊昭、梶原洋、横山裕平ら仲間たちとの発掘で新たな成果を挙げている。

前・中・後の三期区分

日本旧石器時代研究のパイオニアであり、「前期旧石器時代」呼称の提唱者である芹沢長介が、その研究の総括的著作『日本旧石器時代』(岩波新書)のあとがきの中で次のように述べている。

「しかし日本ではまだ30年ていどの研究歴しかない上に、動物化石や人類の遺骸もほとんど発見されていないといってよい。したがって、約3万年前から1.2万年前までの間に含まれる、石刃およびナイフ形石器に代表される文化および細石刃文化を後期旧石器時代とし、約3万年以上の古さをもつ早水台や星野の文化を前期旧石器時代と呼んでおくのが今のところもっとも妥当であろうと思う。地質学上の層序区分でいえば、立川ローム層が後期旧石器時代に、武蔵野ローム層およびそれ以前は前期旧石器時代に対応する。ヨーロッパのような前・中・後の三期区分が日本で適用されるようになるためには、なお多くの年月が必要とされるだろう」(芹沢 1982)。

ところで1980年代後半に入って、宮城県の石器文化談話会を中心とする踏査活動によって発見され、その後発掘調査された遺跡を含めて「前期旧石器」遺跡は34箇所を数え、断面採取資料を含めると、それらの遺跡から総計で約850点にも及ぶ石器が収納されていた(佐久間 1986)が、今日では更にその内容を充実させている。座散乱本遺跡と馬場壇Ａ遺跡の発掘を主導した岡村道雄が、先にこうした成果に拠って「前期旧石器時代」を「古段階」「新段階前半」「新段階後半」に区分する編年案を提示した（東北歴史資料館・他 1986）。その後に発見され、発掘された資料を加えて各遺跡の新旧資料を検討してみると、日本旧石器時代研究の念願であった前期・中期・後期の三時代区分の見通しがようやくついてきたように思われる。ここに至って著者は、列島内での特殊進化を含意する場合には、「小型剥片石器群（文化）」「斜軸尖頭器石器群（文化）」「ナイフ形石器群（文化）」を、大陸との対比を念頭に置いた一般進化を含意する場合には、「前期旧石器時代（段階）」「中期旧石器時代（段階）」「後期旧石器時代（段階）」を使って、日本旧石器時代の構造変動論に取り組むことにした（安斎 1991a）（前掲第７図参照）。

ところで、考古学における「文化」の概念はチャイルドから一般化した。文化という用語は便利であるが、その意味・内容が多義であるため、定義は難しい。ビンフォードらによってその使用法の危険性が指摘されて久しい（安斎 1990a）が、「先史文化」「旧石器文化」「先土器文化」「岩宿文化」「岩宿Ｉ文化」「野尻湖文化」「茂呂石器文化」「細石刃文化」「神子柴・長者久保文化」「縄紋文化」等々、日本考古学においては乱用が甚だしい。ここではできるだけその使用を避け、1871年に社会人類学の創始者エドワード・タイラーによって与えられた、「文化とは、広い民族誌的観点からいえば、知識、信仰、芸術、道徳、法、習慣、その他人間が社会の一員として獲得したすべての能力と習性を含む一つの複雑な全体のことである」という最も古典的な定義を含意しながら、「文化とは特定の集団のメンバーによって学習され共有された自明でかつきわめて影響力のある認識と規則の体系（コード）」であるという人類学的定義（ピーコック 1993）をも念頭に置いて、考古資料の背景にあるシステムと構造の異同、あるいはその変動を仮定している場合にのみ、文化の語を使用することにする。

また、時代呼称の問題についても一言触れておく。鈴木忠司（1990）が最近、「先土器時代」と「旧石器時代」の時代呼称の背景にある方向性を、「日本歴史の変遷の発端の時代として問題の時代を捉えるのか、まずはじめに世界史上の枠組の中に組み込んで捉えようとするのかの選択」である、と理解して各呼称法の利点と難点を対比し、苦悩の末に、「無土器文化の名称について」の批判的立場から角田文衛（1959）がかつて提唱し、佐原眞（1987）が近年再提唱している「岩宿時代」を選択している。しかし、著者にとって先史時代の時代区分とは、日本史と世界史の二項対立的選択の問題ではないし、ましてや時代呼称は命名法の原則論の問題でもなく、それを使用する著者自身の歴史観の反映であると考えているので、先の呼称を用いることにしている。

大分県丹生遺跡

宮城県における「前期旧石器」研究の進展によって日本「前期旧石器」存否論争は終結したが、それだからといって他地域の「前期旧石器」問題がすべて解決されたわけではない（加藤 1988）。

1959年に当時大分大学助教授であった富来隆らによって発見・採集され、後に財団法人古代学協会によって発掘調査された大分県丹生遺跡の石器類は、一時物議を醸し、佐藤達夫らの積極的評価があったものの、最近までまったく無視されてきた。著者も先年、若い研究仲間とともに富来宅で採集石器を見せていただいたが、金関丈夫以来初の訪問者であると言われ、日本考古学における丹生の位置づけをあらためて実感させられた。発掘資料の方は最近鈴木忠司によって再整理され、大部の報告書にまとめられた（鈴木編 1992）。発掘区別に整理された石器類を実見したが、その際、連続横打剥離石核と局部磨製石斧をセットとする武蔵野Ｘ層相当(報告書では当該石器類は過小評価されている)、つまりナイフ形石器文化初頭の石器群から、前半期の石刃核、瀬戸内技法関連の石核、小型のナイフ形石器、細石刃核、恐らく神子柴系石器群に関連すると思われる石斧まで、大野川流域の既知の旧石器が揃っているとの印象を受けた。以前から神子柴系と見做していた背面の高い大型の局部磨製石斧は、詳細に観察してみると、土器出現期の石斧としては技術・形態的に問題を残すようである。千葉県草刈六ノ台遺跡・聖人塚遺跡・出口鐘塚遺跡など下総台地で出ている、武蔵野Ｘ層相当の特殊な形態の厚手の石斧類に対比したいが、違和感も残る。

丹生で残された問題は、縄紋時代を含めて何れの時期にも置きようのない礫器・剥片石器類の認知にある。かつて佐藤達夫は当時國學院大学大学院生であった小林達雄とともに遺跡と遺物の調査にあたった際に、小原台に近い地点で、道路によって切られた断面から一つの剥片を原位置において見いだし、石器の包含層を確かめている。しかし、諸般の事情から発掘には至らなかった。佐藤は、賈蘭坡の中国旧石器二系統論を念頭に置いて、丹生の石器を剥片技術の共通性から「周口店第一地点系」で「握斧系」にいささか関係がある、と見做していた。今回再整理された資料中に佐藤の見解を積極的に支持する証拠は見いだせなかったが、この視点は今日的変換が必要であっても、日本前期旧石器の系統問題でなお有効であろう。1962年以降発表された丹生関係の佐藤の四つの論文・報文は二冊の論文集（佐藤 1978、1983）に収められているので、一読されたい。

一方、角田文衛は、富来らの採集した石器類中に「岩宿後期文化や大森文化の石器」が混在していることを発掘前から認識していたが、遺跡は「上流から押し流されて来た石器が礫に混じって堆積した遺物包含層」あるいは「遺物を夥しく含む礫層」という予断の下に発掘を実施し、

「砕器→斜刃割器→山形刃割器→祖型握槌という型式発展の序列が典型的に看取される」東アフリカの前期旧石器を規範にした石器の整理・分類を行った（角田 1962）。そして「南方の第二間氷期の諸文化のものに近」いという、当時の研究水準の年代観・系統観が事前に設定されたため、「第一群の石器類は、編年的に継起する少なくとも三つの時期に係るものではないかと推測される。かうした編年は、ひとり丹生遺跡ばかりでなく、やがて続々と発見されるであろう他の遺跡の研究調査によって樹立されるべきである。しかし丹生遺跡に関しても、地区によって、同一地区でも地点によって、同一地点においても層位によって、石器の種類や型式がどう変化するかを究めてみる必要」から実施したはずの発掘調査は、結局失敗に帰し、禍根を今日に残すこととなった。ちなみに、角田が参考にした東アフリカでの片刃礫器（チョッパー）→両刃礫器（チョッピングトゥール）→尖頭礫器（ペブルポイント）→祖型握槌（ハンドアックス）という編年的継起は、第一章第三節で述べたように、オルドヴァイにおいても実情に合わなくなっている。

栃木県星野遺跡

次に北関東の珪岩製「前期旧石器」の真偽について一言触れておきたい。栃木市星野町在住の斉藤恒民が採集した珪岩製の「ルヴァロワ型石核」に注目した芹沢長介は、4 回にわたって星野遺跡を発掘した。その結果、「珪岩製旧石器」を層位的に確認できたことが最も大きな成果であると考えるに至った。それ以前に芹沢は、大分県早水台遺跡から中国の周口店遺跡と同じように石英脈岩を主材とする旧石器を発掘していたからであった。そこで「珪岩製旧石器」の出土地を集成して、それらが関東平野の外縁をなす山麓面に分布することを強調し、「珪岩製旧石器」の分布が下末吉海進（古東京湾）と関連するであろうと推測した。そして「古東京湾の時代に生活した古人類の遺跡を探そうと思うならば、私たちは関東平野の山麓面にこそ注目しなければならない」という結論を引き出した（芹沢 1968）。ところが1980年代にはいって、芹沢の門下生らによって宮城県下の3万年を遡る地層中から次々に見つけ出された石器類は、芹沢の見通しと異なり「珪岩製旧石器」ではなかった。1976年の三部作（岡村 1976a、b、c）で「珪岩製旧石器群」と「斜軸尖頭器石器群」を対比しながら、研究の方向性を正しく指摘していた岡村道雄は、座散乱木遺跡や馬場壇A遺跡などその後の実践的作業の成果に基づいた最近の著書の中で、崖錐地形に位置する場所の「珪岩製旧石器」を自然破砕礫であると断定している（岡村 1990a）。戸田正勝も北関東の「前期旧石器」群の発展過程を日本「前期旧石器」時代の流れの中に正しく位置づけようとした試みにおいて、佐野市上富士と星野S地点の資料を駆使して「珪岩製旧石器」を二群に分け、上富士石器群と共通する特色を備えている星野第三地点・岩宿D地点・大久保遺跡例を破砕礫（偽石器）であると判断する一方で、良質の青色珪岩を使用した星野S地点石器は斜軸尖頭器石器群と連絡する様相をもち、その石器群の母体となるものである、という考えを示した（戸田 1989）。星野S地点については発掘調査の必要があるものの、戸田論文の論証法は明快で説得的である。

愛知県加生沢遺跡

最後に、1968年に報告書が出されて以来、紅村弘のたびかさなる主張にもかかわらず、丹生と同様に批判され無視されてきた愛知県加生沢遺跡について言及しておく。当遺跡の小型石器類は、実見した当初斜軸尖頭器石器の一群かと思ったのだが、最近紅村が自ら出版した『加生沢遺跡石器資料写真集』（紅村 1989）と、東京都多摩ニュータウンのナンバー471-B遺跡、群馬県入ノ沢遺跡、福島県上野出島遺跡、同大平遺跡、栃木県七曲遺跡などの新たに発見された斜軸尖頭器石器類と比べてみると、違和感を覚える。あるいは大型石器類とともに、馬場壇A遺跡20層上面や中峯C遺跡Ⅶ層出土の石器とは時間的にも空間的にも離れているが、前期旧石器なのかもしれない。紅村は近年も、「裁断剥離による尖頭形成、尖頭対照部に原礫面を遺存すること、それに器体中央の稜上打撃という三つの要素の揃った裁断剥離尖頭器」を重要な要素とする特徴的な石器群が、東アジア地域において「黄河流域および近傍・朝鮮半島・日本を連係する前期旧石器」であるという観点から、加生沢第一地点と周口店第一地点の関係、加生沢第二地点と丁村や全谷里の共通点について検討して（紅村 1984)、加生沢遺跡の石器群を「握用尖頭石器」「握斧型石器」「礫核両刃石器」「礫片片刃石器」「大型剥片」などで構成される石器群として特徴づけている（紅村 1992)。佐藤達夫は剥片技術の共通性に注目して「周口店第一地点系」と見做していたし（佐藤 1974a)、岡村道雄も近年は第一地点の小型の石器群を宮城県のものと同じ段階のものとの見解を表明している（前掲書)。加生沢遺跡の存在はこれまで無視されてきたが､実際は重要な問題を秘めている資料である。旧石器の専門研究者は今後検討の対象とするべきであろう。

第一節　小型剥片石器群〈前期旧石器時代〉

「前期旧石器」時代の二つの異なる石器群

馬場壇A遺跡第Ⅵ次調査までの成果を報告する中で、山田晃弘・仙庭伸久は、馬場壇A遺跡20層上面と中峯C遺跡Ⅶ層出土石器群の石材選択、剥片生産技術、二次加工技術の特徴として次の三点を挙げている（東北歴史資料館・他 1989)。

一、玉髄・碧玉を石材として選択していること。

二、規則性の弱い打点位置から垂直に近い角度で、打面転移を頻繁に行いながら、やや厚めでばらつきの大きい打面を持つ剥片を生産していること。

三、短い連続した急角度の両面加工による二次加工を頻繁に行うこと。

そしてそれらと対比的に座散乱木遺跡13層上面と馬場壇Ａ遺跡７層、10層上面出土石器群の特徴として次の三点を挙げている。

一、頁岩・凝灰岩を石材として選択していること。

二、やや規則性のある打点位置から、打面をやや固定的にして、比較的薄めでばらつきの少ない打面をもつ剥片を生産していること。

三、長く連続した､角度の小さい片面加工による二次加工を行うこと。

現在のところ、前者は宮城県で顕現しており、福島市竹ノ森遺跡下層の石器群（第31層上面出土）も類似する。前期旧石器時代の石器群として特徴づけられる。後者が東北・関東地方で顕現している中期旧石器時代の石器群の特徴である。このような技術的基盤の違いに基づいて、両石器群の石器の器種構成も大きく異なっている。

宮城県高森遺跡

馬場壇Ａ遺跡20層上面と中峯Ｃ遺跡Ⅶ層出土石器群と類似の特徴を持つ石器が、Ａ地点から32点、Ｏ地点から３点収納されている。Ｂ地点からも石核が１点表採されている。「小形両面加工石器」「箆状石器」「尖頭礫器」の他に石核と不定形の二次加工のある剥片で構成された石器群である（石器文化談話会 1991)。４点ある「小形両面加工石器」は最大のもので、45.2×35.3×18.0ミリを計るに過ぎない大きさながら、比較的密接な加工でアーモンド形に仕上げられた特徴的な石器である（第32図2-5)。「箆状石器」は、名前から連想しやすい縄紋時代の石器とも、また斜軸尖頭器石器群中に見られる「ヘラ状石器」とも似ていない、掻器様の刃部を持つ小型石器（47.8×28.5×16.7ミリ）である（同６)。頁岩製の「尖頭礫器」は81.7×74.6×45.6ミリを計り、この一群中ではひときわ大きい（同1）。大陸側の石器群との系統関係を考慮して、加生沢遺跡の「握用尖頭石器」のような10センチを越える大型の礫器と同種の石器として認識すべきなのであろうか。

新聞記事によれば、高森遺跡の年代が、熱ルミネッセンス法、電子スピン共鳴法、古地磁気法でそれぞれ、49万年前、46万—61万年前、47万年前という結果が出たので、ほぼ50万年前の遺跡であることが立証されたといわれている。いずれにせよ、北京原人と同時期だとすれば、石器は、氷期に内陸の寒気を避けて朝鮮半島ないしカラフトを南下して渡来した周口店動物群、あるいは黄土動物群を追ってやってきたホモ・エレクトゥス段階の人類の所産であった可能性が考えられる。周口店のホモ・エレクトゥスは火の使用によって中緯度地帯の冷涼気候に適応していたことで知られているが、渡辺仁の食性の研究によれば（Watanabe 1985)、中小動物の捕獲やおそらく樹皮なども食べて冬を乗り切っていただろう。そうだとすれば、この初期人類は列島の異なる環境条件にもなんとか適応していけたであろう。ホモ・エレクトゥスの東方への「適応拡散」という点で注目されるのは、遼寧省営口市の南西８キロにある金牛山洞穴遺跡で1984年に発見された、発展型ホモ・エレクトゥスからホモ・サピエンスへの移行的形態の「金牛山原人」である。そのウラニウム／トリウム法による年代は約28万年前と出ている（Lu 1990)。石英製の小型剥片石器を伴っていたようであるが、詳細は不明である。

宮城県中峯Ｃ遺跡

前期旧石器段階の石器群は確実な資料がいまだ乏しい状況にある。石器は中期段階と比較した場合ですら、石材選択、石核調整、剥片整形に首尾一貫したところがなく、場当り的に作られているため素材に制限された形態をとっている。宮城県中峯Ｃ遺跡Ⅶ層出土の石器群も、特定のインダストリーを設定するには点数が少なく、型式学上のパターンも明確ではなかったが、同県馬場壇Ａ遺跡33、32、20層で出土した類例を加えると、その性格がある程度推測できるようになってきた（宮城県教育委員会1985）。遺物は、上下二枚の生活面に分かれて７つの集中地点から、玉髄・碧玉・珪質岩を用いた3-4センチ前後の小型の剥片石器89点と、石英安山岩・石英安山岩質凝灰岩・安山岩・流紋岩・脈状石英など粗粒の石材を用いた８センチ前後の大型の礫石器17点の計106点が掘り出されている。小型の剥片石器には定形的な石器は見られないが、二次加工技術とそれに伴う石器の形態あるいは加工部位の形態の違いから、報告者である小川出は切出状・鋸歯状・彫刻刀状・楔状・錐状・抉入状に整形した石器と削器などを識別している（第33図）。なかでも意図的な切断によって切出し状に整形された鋭いエッジの石器類がある程度まとまって認められる（同1-7）。この種の技術・形態的に古拙な石器類は時代を越えてその命脈を保ち、後期旧石器時代にも残存している。言い換えれば、狩猟採集民にとって機能的に便利な石器であったと思われる。大型の礫石器は後出の同県座散乱木遺跡15層、山田上ノ台遺跡下層、志引遺跡９層の石器類と共通するようである。

宮城県馬場壇Ａ遺跡

６次にわたる発掘調査によって、現地表下6.3メートルまで33枚の堆積層を確認し、その間に12枚の生活面を検出している馬場壇Ａ遺跡において、広域火山灰、暗色帯、古赤色土の層準を含めた江合川中流域のテフラ編年と各種の理化学的年代測定結果から、当該石器群の年代的位置づけはより確実性を得てきている（東北歴史資料館・他1988、1989、鎌田・他1989）。報告書によると、33、32、30層が20-16万年前、20層上面が13-11万年前あたりだそうである。

報告者である山田晃弘は、「尖頭器」、「小型円形スクレイパー」、「ナイフ状石器」、「石鏃」、「彫刻刀形石器」、「スクレイパー類」、「鋸歯縁石器」、「ノッチ」など合計178点の石器がみつかった20層上面において、関連諸科学の協力を得て可能な限りの情報収集を試みた調査成果を、次の６項にまとめている（第34図）。

一、浅い沢状の凹地を取り囲むように、北西側と東側に７つの遺物集中地点が存在する。遺物集中地点間には、1.5-2.0メートルの空白部がある。

二、各遺物集中地点は、20-25点の石器で構成されており、その石器組成は近似する。

三、南西部への遺物集中地点からは、焼けた石器や破損した石器が他よりも多く出土し、そのほぼ中央部に、残留磁気測定によって炉跡と推定される場所が確認された。

四、各遺物集中地点は、相互に同一母岩を共有する。その数は少ないが、隣接する地点間で頻度が高い傾向がある。接合資料は全く認められない。

五、全点について使用痕分析を行なった。自然作用による光沢が多くの石器にみられ、同定できたのはわずかに15点であったが、皮・肉、骨・角、木に使用された石器が各遺物集中地点に残されたことが明らかになった。

六、いずれの遺物集中地点でも、二次加工された石器あるいは微細剥離痕の見られる剥片が多い。土壌洗浄の結果では、石器製作の痕跡を示す微細なチップは全く発見されていない。

岡村道雄によれば、前期旧石器時代の遺跡で見られる石器の分布状況にはふたつの類型が認められるそうである（岡村 1990a）。ひとつは集中地点が一箇所単独で存在する場合であり、他は同一地表面に数箇所の集中地点がほぼ環状に布置される、馬場壇Ａ遺跡20層上面のような場合である。岡村は、この遺跡では「石器作りの母岩を共有する間柄であった６～７の小集回が、それぞれ焚火を囲み、径４×５メートルで面積15平方メートルほどの範囲内で20～40点の石器を用いて獣の肉片などの調理・加工を行なうなどの短期間の生活を送ったと想像」し、「小集団の構成を５人前後と仮定すれば、馬場壇Ａ遺跡20層上面を占拠した単位集団は、30～35人」くらいと推計している。ただしこの場合、各遺物集中地点の同時性が接合などによって検証されていない。前期旧石器時代の遺跡について岡村が試みた復元法は、砂川遺跡の報告以来、日本の後期旧石器時代の遺跡の復元において洗練化されてきた帰納的手法である。この手法によれば、日本旧石器時代の集団規模と居住形態の基本構造は時代を通して大きな変化がなかったことを暗示するような結果となっているが、別途の検証法も応用してみる必要があろう。

この遺跡の小型剥片石器の中で報告者が「ナイフ状石器」あるいは「小型円形スクレイパー類品」・「二次加工ある剥片」などに分類しているものに、前出の中峯Ｃ遺跡の切断によって切出状に整形された鋭いエッジの石器類同様、寸法・形態に限らず、切断または平坦剥離による側縁処理や、未加工の鋭利な遠端・側辺を刃としていることなど、次の斜軸尖頭器石器群段階の「素刃石器」を連想させる石器が認められる（第35図）。直接の関係についてはもちろん断言できないが、機能的には後期旧石器時代前半期の「台形様石器」のはるか遠い始源的形態であるかもしれない。究極的には前期旧石器段階の小型剥片石器群の伝統の中から、中期旧石器段階の斜軸尖頭器石器群の発生があったと考えているが、しかし、この種の進化が列島内で特殊に起こっていたと考えるよりも、東北アジアにおける緩やかな一般進化のプロセスの一類型であったと言うべきであろう。素刃の小型剥片石器はアフリカのオルドワン石器群以来、ムステリアン石器群などの旧石器の中、及び現生狩猟採集民の道具としてどこにでも見られる。こうした時空間を越えた存在は、皮剥ぎや腱の切断に適した極めて便宜的かつ機能的な石器であるからであろう。

前期旧石器時代の石器分類を試みる際に、分類者の裁量でむやみに器種数を増していく方法は避けなければならない。後期旧石器時代と比較した場合、いや中期旧石器時代と比較した場合でさえ、技術・形態的に首尾一貫したところがなく、素材と機能に制限された形態を取る前期の石器の分類は、思いつきの分類範疇を設定しやすいので、体系化された概念によって分析がコントロールできるまで、当面細別は留保して、技術形態的属性分析による大別にとどめておくのがよいであろう。

第二節　斜軸尖頭器石器群〈中期旧石器時代〉

前期／中期旧石器時代移行期

馬場壇A遺跡19層上面の石器類（東北歴史資料館・他 1986）が、恐らく今後、前期／中期旧石器時代の過渡期を考察する際に問題となる石器であろう。中／小型の剥片類（第36図 1-7、9-12）は上層の10層と7層の石器に類似しており、未確認であるが多面体石核や円盤状石核の存在が推測されている（東北歴史資料館・他　同上)。しかし、両極打法を多用する剥離法や剥片形態に規格性が認められない点など、剥離はなお場当り的な印象を受ける。さらに、より下層に顕著であった粗粒の石材を用いた大型石器（同 16、17）も多いことを勘案して、いわば「先斜軸尖頭器石器群」といった性格を与えておきたい。報告者が「長形交互剥離石器」（同 8）と呼んでいるものは、後に発達する盤状連続横打石核を思わせるし、「微細剥離痕ある剥片」の中には素刃石器（同 4）も混じっている。なお、戸田正勝が、良質の青色珪岩を使用した群馬県星野遺跡S地点の石器に同様の位置づけをしている（戸田 1989）が、その表採石器の解釈は必ずしも説得的ではなく、出来れば発掘調査による検証が必要である。

宮城県志引遺跡９層上面からは、石材の種類や石器の組み合わせが大きく異なる２つの石器ブロックが見つかっている（多賀城市教育委員会1984)。粗粒の安山岩製石器11点と玉髄製の小型石器３点から成る第７遺物集中地点と、粗粒の安山岩製石器２点と細粒良質の珪質頁岩や粘板岩製の石器８点から成る第８遺物集中地点である（第37図)。報告者である鎌田俊昭は、第８遺物集中地点で見つかった直接打撃による、粗粒の安山岩製剥片を珍しく素材とする石器を、「斜軸尖頭器」として注目している（遺物番号158)。この二つの石器群の廃棄のあり方は、時代的差異というよりも、廃棄された二つの石器群を残した集団の行動的差異、あるいはその場の機能的な分化を暗示していると考えられる。

鎌田自身は、志引９層上面石器群に馬場壇Ａ遺跡10層上面、座散乱木15層上面、山田上ノ台下層の石器群を含めて、それらを一括した姿が当該期石器群の完全な姿と考えている（鎌田1987)。鎌田の見方が正しいとすれば、この一群で斜軸尖頭器石器群の古い段階を構成することになる。同じく鎌田らが調査した柏木遺跡Ｂ地区７層上面の石器群も同じ問題を提起している。北東方向から入る谷の北側に１箇所、南側で東にのびる尾根上に４箇所の石器集中地点と、その他第５石器集中地点付近にばらついて計126点の石器が発見された。石器群は分析途中であるが、次のようにまとめられている（多賀城市埋蔵文化財調査センター1988)（第38図)。

一、第１石器集中地点では、玉髄が半数以上を占める。石核が多く、スクレイパー、チョッピング・トゥール、鋸歯縁石器などがあり、大きさにばらつきがある。

二、第２石器集中地点では玉髄と珪質頁岩が相半ばする。石核が多いが、定形的石器は少なく、やはり大きさにばらつきがある。

三、第３石器集中地点では玉髄が最も多く、珪質頁岩も数点見られる。

各種の石核、石錐、彫刻刀石器？、両極剥離痕ある石器などがある。

四、第４石器集中地点では珪質頁岩、黒色頁岩などの石材で、玉髄は１点もない。尖頭状のスクレイパー、スクレイパー、二次加工ある剥片などがあり、いずれも3-5.5センチとやや大型である。

五、第５石器集中地点は最も広範囲で、出土点数も多い。……玉髄と珪質頁岩が過半数を占める。石錐、ヘラ状石器？、スクレイパー、二次加工ある剥片、石核などがある。

六、第５石器集中地点北西部の石器群は、珪質頁岩が多く、玉髄は１点だけである。

層位的には同一層理面から出土しているので、各石器群のあり方の違いはその場での行動的、機能的違いを表していると解釈するか、それとも、層位的には同一層理面から出土しているけれども、前期旧石器段階、過渡期段階、中期旧石器段階それぞれの特徴を抽出して、石器群を時間差として分離できると考えるか、意見の分かれるところである。先斜軸尖頭器石器群と斜軸尖頭器石器群の古い段階との両者の区分が可能であるかどうか、資料の乏しい現状ではいかんともしがたいので、これ以上の言及は差し控えておく。

座散乱木15層上面の石器はわずか14点である（石器文化談話会編1983）。15層についての熱ルミネッセンス法の年代は約４万年前、フィッション・トラック法の年代は約４万４千年前と出ており、想定される年代が新しいわりには頁岩製の剥片と砂岩製の敲石を除けば、石材はすべて安山岩が用いられていて、楕円形の両面石器のような前期旧石器時代に顕著な石器を含んでいる（第39図）。石器の技術・形態的進化の面で保守的傾向を示している。このような特殊な出方や組成の偏りが直線的進化観からの解釈を困難にしている。

技術的特色

中期旧石器段階の石器群が、打面を数箇所に転移しながら作業面を比較的固定した石核から、比較的整った台形や三角形で剥片の長軸と打撃の方向のずれる斜軸尖頭形の剥片を生産して、これらの剥片を素材とする、特徴的な尖頭器や削器で構成されていることは、「前期旧石器存否論争」に決着をつけた「座散乱木」以前にすでに認識されていた（加藤1988）。実際にはこの石器群の技術基盤として、石器の大小二つの大きさに応じた剥片剥離のシステムが発達している。そのひとつは、打面と作業面を交代させながら打点を頻繁に移転させ、結果的に不定形の残核が生じるような剥離法、あるいは打点を素材の周縁沿いに移動させ、結果的に円盤形の残核が生じるような剥離法により、斜軸尖頭形の中型剥片を生産して、この素材の形態を生かしながら二次加工により尖頭器や削器などに仕上げる工程である。もうひとつは、剥離のある程度進んだ円盤状石核を利用したり、結果的に盤状・方形、チョッピングトゥール状の残核が生じる剥離法により、貝殻状・台形の小型剥片を生産して、その遠端か側縁を刃部に見立てて未加工のまま残し、切断・平坦剥離で、岡村らのいう「ナイフ状石器」「切断石器」「小形円形スクレイパー」「片側整形石器」などの石器（岡村・柳沢1986）に仕上げたり、遠端か側縁に二次加工で刃部を形成して掻・削器などに仕上げる工程である。前者の石器類は技術形態的に多様であるので機能的に一括して「素刃石器」と呼ぶことにする。後期旧石器時代のナイフ形石器群に見られる台形様石器の祖形的な石器である。以上の技術構造は当該時期を特徴づけている。

かつてこの段階を同定する手だてのひとつとして、ルヴァロワ技法の存在を証明しようと試みられたが、世界的に見て現在この技法の存在が確認されているのは東はモンゴルのトゥブ県ムングンモリット郡地域までで（白石1993）、日本の既存の資料から判断すると、列島内には存在しなかったことは確かである。この技法による目的剥片である円形・楕円形・石刃形・三角形などのルヴァロワ型剥片がいまだに見つからないだけでなく、ルヴァロワ型石核と呼ばれてきたものも剥離痕とその切り合いを観察してみれば、円盤状石核の範疇に入ることが明らかである(安斎 1977)。最近もルヴァロワ型尖頭器という語を表題に持つ表採資料の紹介文（内田・他 1993）があるが、ここの文脈で取り上げなければならないようなものではない。角張淳一が円盤状石核の三段階発展、すなわちまず作業面の固定という技術の獲得、次いで平坦打面の獲得と打面の固定、最後に一定の剥片剥離作業開始から終了まで同一打面上での打点の移動の確保と、更にそこから剥離角を安定させる技術として打面の操作が加わる石刃技法の発生まで、剥片剥離技術の進化を既存の資料を使って検証している（角張 1991a)。今のところ資料が少なくて、実際このような過程を経て石刃技法が発生したかどうかはわからない。

剥片剥離技術ばかりでなく、器種組成や剥片整形技術の面においても、斜輔尖頭器石器群はユーラシア西部のムステリアン石器群と相同であるとは言えない。ただし、ある種の規格化が進み、剥片剥離技術にパターン化もみられて剥片に定形化の兆候もあり、さらに加えて、石器のなかにはムステリアンの石器を連想させるものも認められるなど、類ムステリアン剥片インダストリーと言えないこともない。しかしながら、そうした類似は一般進化の範疇に入るものであって、ムステリアンからの影響を云々するよりも、東北アジアにおける伝統との関連、より厳密に言えば、列島内での適応的進化の相で研究戦略を立てるべきであろう。

石器組成

斜軸尖頭器石器群は、大雑把に言って、小型・中型・大型の機能的な三つのカテゴリーの石器類から成り立っている（第40図)。

小型石器類中もっとも特徴的な一群は、剥離のある程度進んだ円盤状石核を利用したり、連続的な横打剥離で結果的に盤状・方形、チョッピングトゥール状の残核を生じる剥離法により生産された貝殻状や台形の小剥片を素材として、その遠端か側縁を未加工のまま鋭利な刃部となし、他の縁辺に切断・平坦剥離の整形加工を施して台形様に仕上げられている（同1-3)。この種の石器類は技術・形態学的には多様な表現形をみせ、将来細別形式の設定を要するものの、すべてに共通する未加工の鋭い刃部に注目して、機能的に一括して素刃石器と呼んでおいた（安斎1988)。次の段階のナイフ形石器群の主要構成器種である台形様石器とナイフ形石器へと進化し変形していく石器類である。後期旧石器段階の台形様石器とナイフ形石器が急斜度剥離の基部・背部調整を特徴とするのに対し、素刃石器は原則的にいまだ切断と平坦剥離の側縁調整にとどまっている。

「日本の前期旧石器のなかに、切出形石器の祖形となるべきものがあったと考える方が、むしろ当然のことなのかもしれない」という芹沢長介の系統観（芹沢1971）を継承して、岡村道雄はほぼ素刃石器に該当する石器類を「ナイフ状石器」と総称し、「基部加工ナイフ状石器」「切出形ナイフ状石器」「プティトランシエ」に細別しており、最近では、ナイフ状石器は縦長で基部加工のものとなり、一方では切出形ナイフ状石器の一部がより整った台形様石器へと移行するとみなしている（岡村1990b)。しかしながら、岡村が石器の名称に含意させたように、ナイフ状石器→ナイフ形石器と単線的に進化したわけではない。素刃石器はナイフ形石器の祖型であると同時に、それ以上に台形様石器の祖型でもある。後で説明するナイフ形石器の形成過程にみるように、その進化は樹状に描かれる生物進化の系統とは異なり、いくつもの異なる系統が絡み合う網状（Kroeber 1948）あるいはリゾーム（木の根）状を呈したオープン・システムである。素刃石器のそのようなリゾーム状の進展については次節で詳しく説明する。

小型石器類には他に、素刃石器と同様の小剥片を素材としながらその遠端に二次加工で掻・削器用の刃を付けた石器（同 4、5）、両面・半両面加工の尖頭器（同 6、7）、楔形石器、および前段階から使い続けられてきた錐状、彫刻刀形石器（同 8）などがみられる。

中型石器は、打面と作業面を交替させながら打点を頻繁に移転させ、結果的に不定形の残核を生じる剥離法、あるいは打点を素材の周縁沿いに移動させ、結果的に円盤状の残核を生じる剥離法により生産された斜軸尖頭形の中型剥片を素材とし、その形態をいかしながら機能部を二次的に加工して尖頭器や削器に仕上げられたものに代表される（同 11-15）。素材剥片の中にはムステリアンに特徴的な擬似ルヴァロワ・ポイントに似た形態のものが混じり、結果的にムステリアンの削器類を連想させる石器が現れているが、この類似現象はムステリアンの影響であるというより、この段階に共通の一般的な技術的相似現象として説明できる。

大型石器には、前段階の両面石器の系譜を引きながらも、平面形態を楕円形や撥形や短冊形に整えた打製石斧（同 17）、あるいは両面加工で基部を作り出した平刃のへら形石器（同 16）という新しい器種が加わってきている。福島市竹ノ森遺跡24層上面の石器群が良好な資料を組成している（写真 2）。岡村は前者をなおハンドアックスと呼んでいるが、この用語は世界中の旧石器時代をフランスの編年に一致させようとした1930年代の「大編年」志向の遺物であり、日本旧石器時代研究の先駆者たちの特定の年代観と系統観が込められているから、いまや相応しくない呼称である。同じ理由から戸田正勝の北関東における握斧文化の系統（星野 S 地点石器文化・岩宿山寺山石器文化・権現山 I 石器文化）観（戸田 1989）にも賛成できない。前にも述べたように、権現山 I の有名な「洋梨形ハンドアックス」は打製石斧と呼ぶべきであろう。千葉県出口・鐘塚遺跡の局部磨製石斧を実見した際に、着柄部の作り出しの類似などから系統的関係を思い付いた。前にも述べたように、それらはナイフ形石器群に組成される打製石斧や局部磨製石斧の祖型である。この石斧については長崎潤一（1990）が、またへら形石器については佐藤宏之（1992a）が、後期旧石器時代に至るその変遷観をより詳しく説明している。同じく「ピック形ハンドアックス」とされてきた石器は佐藤達夫がいう「反転横打剥片石核」である（佐藤 1976）。それぞれの作業面から対応する打面の稜上をたたいて横長剥片を一枚ずつ剥いでいる。後の時代に見られるような連続横打はしていない。

古・新の二時期区分

先に述べたような石器組成を特徴とする斜軸尖頭器石器群は、馬場壇A遺跡の層序と石器出土層位を基準として古・新の二時期に分けられる。古段階で7-4.3万年前、新段階で4.3-3.3万年前くらいの年代が与えられている。一応の目安とはなるであろうが、宮城県外の新しい事例を加えてチェックする必要がある。研究の現段階ではそれぞれの標準資料として、前者については馬場壇A遺跡10層上面（第41図）、後者については同7層上面（第42図）と座散乱木遺跡13層上面（第43図）の石器類が挙げられよう。両時期の石器群は相互に近似しているが、時間が下るにつれて剥片剥離法・剥片整形法がいっそうパターン化してくるため、石器の形態が整ってきているようである。

馬場壇A遺跡10層上面からは32点の石器が、また同7層上面からは、第1遺物集中地点15点、第2遺物集中地点20点の計35点が出ている（東北歴史資料館・他 1986）。座散乱木遺跡13層上面からは、第1遺物集中地点13点、第2遺物集中地点20点、第3遺物集中地点10点、その他遺物集中地点外7点の計50点が出ているが、それぞれ石器組成は共通している（石器文化談話会編 1983）。

古段階の石器は、打面を頻繁に転移する多面体石核や円盤状石核から剥離された斜軸尖頭形剥片と、それを素材とする尖頭器・削器を主体としており、斜軸尖頭器石器群の名前にふさわしいものである。中にはムステリアンのデジェテ型やコンヴァージェント型削器を偲ばせるものも珍しくない。小型剥片の整形には切断手法が多用されているが、後の台形様石器やナイフ形石器に進化する祖形態が認められる。それらの小型剥片の一部は、石核の素材を横に使って連続的に剥ぐ連続横打剥離法で作り出されたようで、後期旧石器時代に入ってこの技術が発展すると、厚手の剥片の主剥離面に残る打瘤部の厚みを意図的に利用して、台形様石器の素材剥片を準備するようになっていく。その残核である盤状連続横打石核は後期旧石器時代前半期に特徴的である。

新段階になると、後期旧石器段階初期の台形様石器の直接的な祖型である素刃石器とその素材となる小型の貝殻状・台形剥片が数量を増し、技術形態的に整ってきている。斜軸尖頭形剥片も古段階のものと比較した場合、形が整ってきて長軸に対してほぼ対称の三角形を呈するようになる。中峯C遺跡Ⅲ層上面出土の石器群には、幅広で背面構成が多様であるものの縦長剥片が現われている（前掲報告書）。技術的進化の観点から、次の移行期の段階には打撃の方向と長軸の一致する長形の三角形剥片が出現するであろうと予測される。この新段階を特に明示する石器として、両面／準両面加工によって素材剥片の形態を変形させて尖頭部を作り出した石器がある。現在のところ、この小型の尖頭器類の出現が古段階にまで遡る傾向も認められ、最良の示準石器とはいえないかもしれない。馬場壇A遺跡7層上面と座散乱木遺跡13層上面の石器類を比べると、後者に二次加工と切断技術の進歩がみられ、尖頭器と素刃石器はさらに斉一的な形態を獲得している。素刃石器とは素材剥片とその整形法が共通するものの、調整剥離面と主剥離面が交わり作る縁辺をそのまま刃部（素刃）にするのではなく、比較的整った二次加工で掻・削器用の刃を付けた石器が座散乱木遺跡13層上面に多く認められるので、これも新段階を特徴づける石器としていいかもしれない。後期旧石器段階初期の石器群中にもこの石器はしばしば認められる。梶原洋の使用痕研究が、二次加工の部分に使用痕がみられる石器と、二次加工の部分をはずれて使用痕がみられる石器つまり素刃石器を、機能的に二分する観点を支持している（石器文化談話会編 1983）。このように二次加工に刃部形成と器体整形の使い分けがみられるので、加工部分に基準をおいた器種分類は再考の余地があろう。

「有舌石器」・「クリーバー」・「箆状石器」などと呼ばれる両面加工で基部を作り出した大形で平刃のへら形石器が、打製石斧とともにこの段階の示準石器となるような出方をしていたが、宮城県外の新事実を考慮すると、これらの石器は古段階からすでにあったようである。いずれにしても斜軸尖頭器石器群の古・新の二時期区分も再考の余地がある。打製石斧もへら形石器もいずれも次のナイフ形石器群へ継承される石器である。とりわけ石斧は、側縁の細部調整の顕在化、平滑原礫面の有効利用から研磨刃部の採用、刃部・側縁稜線の側面観の直線化、石器素材の扁平化等の諸要素が収斂して、後期旧石器段階の局部磨製石斧へと発展していく（長崎　前掲論文）。石斧の機能的特殊化は、列島人がここに至って森林生態への適応能力を高めたことを示す物的証拠である。

関東地方の様相

関東地方の北部では、約５万年前の湯ノ口軽石層、４万年前の八崎軽石層、３万年前の鹿沼軽石層を鍵層として、石器の出土層位に基づいた斜軸尖頭器石器群の編年が試みられている。群馬県における、「不二山→山寺山→権現山１→入ノ沢下層→入ノ沢上層→桐原→権現山２」という変遷観（相沢・関矢 1988）は、先にも述べたように発掘調査の結果、桐原が古く位置付けられる可能性が出てきた。しかし各遺跡での石器資料数が乏しいながらも、宮城県の資料に基づく石器群の技術形態的進化過程についてのさきの説明はほぼ妥当している。さらにまた南に目を転じて、約５万年前の東京軽石層（TP）を挟んでその上から10点、下から３点の計13点の石器が見つかった多摩ニュータウンのナンバー 471-B 遺跡の石器群（舘野 1987）をみてみると、下層の両面加工によって基部を作り出した平刃へら形石器や上層の尖頭器の存在からみて、素刃石器を欠いているものの斜軸尖頭器石器群の新しい段階に位置づけられるかもしれない（写真3)。ただし、流紋岩を専ら素材にしたり、調整剥離が大振りであったりして、群馬県の大型の石器とともに、中期旧石器時代の東北と関東では石器の技術形態上、地域差が生じ始めていたことを窺わせる。また、ここで次の点を再度強調しておきたい。先にも触れた権現山Ⅰの「反転横打剥片石核」が、中期／後期移行期以降の権現山Ⅱや福島県平林遺跡、茨城県山方遺跡、千葉県草刈六之台遺跡などの石器群において認められ、盤状連続横打石核の特殊な形態として注目される点である。

第三節　ナイフ形石器群の出現

中期／後期旧石器時代過渡期の変化のパターン

少なくともヨーロッパにおいては、旧人から新人への人類の形質・形態上の大きな変化と、剥片石器群から石刃石器群への考古学的遺物に見られる技術上の大きな変化とは、大まかに言って 3-4 万年前頃にほぼ同時に起こったと考えられてきた。ところがヨーロッパ以外の地域における最近の中期／後期旧石器時代過渡期の研究が進展するにつれて、西ヨーロッパのそのような現象は、これまでのようにヨーロッパ中心の人類史の一般進化として捉えられると同時に、東ヨーロッパ、西アジアと東北アフリカ、南アフリカ、シベリア、東アジア、日本などでの当該期の現象とともに、地域性を考慮した特殊進化としても捉えられるという認識を生んだ（安斎1988）。普遍主義に替わってコンテクスト主義が台頭するにつれ、ヨーロッパ以外の地域の考古学的現象からも、しかも欧米人研究者の思考法以外から、人類史の進化の過程を読み取ることが可能になったということである。

西ヨーロッパでは、伝統的に中期旧石器時代と後期旧石器時代とを画する指標として使われてきた考古学上の諸変化は、厳密には3万2千-3万8千年前という非常に短い期間に集中していたようである。中東では対照的に、石器製作に見られる技術上の変化は4万5千-5万年前にすでに始まり、少なくとも3万-3万5千年前頃まで続いた、比較的ゆっくりと積み重ねられてきた漸進的進化である。我が国ではナイフ形石器文化の発生すなわち後期旧石器時代の開始の問題は、「西ヨーロッパ型」の交替モデルで解決が図られてきた経緯があるが、1980年代に入って急増した中期旧石器時代と後期旧石器時代初頭の新資料の解釈に際しては、「中東型」の進化モデルを考慮に入れるか、あるいは我が国独自のモデルの構築を試みる必要性が生じてきている。この点については、近年機会のあるたびに主張してきたことである。

ところで、中期／後期旧石器時代過渡期の様相に地域的変異が存在する一方、世界各地の技術上の変化のパターンに人類史の当該期を共通に特徴づける類似が存在するのも事実である。ポール・メラーズによれば、それは次の六項目によって定義される（Mellars 1989）。①剥片生産技術から石刃生産技術への移行、②質量とも充実した掻器と彫器の出現、③中期旧石器時代のものとは異質の形態的に新しい器種の登場、④そうした器種の型式学的変化の目覚ましい速さ、⑤骨角牙製品にも見られる同様の特徴、⑥後期旧石器型の道具製作に見られる規格化と素材の変形化、である。

日本の後期旧石器時代においても同様の現象が認められる。①は近年次第に明らかにされて盛んになってきている研究テーマのひとつであり、②も我が国では時期的には後期旧石器時代の後半期にずれ込むが、例外ではなく、③と④と⑥についは、ナイフ形石器の従来の技術論的研究が十分な成果を挙げている。酸性土壌の我が国では有機物質が残りにくい条件下にあるのだが、⑤でさえも岩手県花泉町金森遺跡の出上例を証拠と見なせるかもしれない。そうだとすれば、斜軸尖頭器石器群からナイフ形石器群への移行に伴う技術の根本的な変化を説明するモデルとして、石刃技法や着柄技術など石器群の技術的側面や、狩猟活動の強化や生業活動の拡大などとの関連から石器群の機能的側面を強調するだけでは充分ではない。石器の「範型」とその分布から地域集団とその領域の形成を、遺跡の構造と分布から人口と居住形態の変化を、遠隔地産の石材の出現頻度から他集団との物質と情報の流通・伝達など交通の発達を推論しようとする、社会生態学的な研究戦略が必要である。当該期の構造的変動には、生態的要因と共に社会的要因が働いていたであろうことは容易に推察できる。後期旧石器文化を生み出すさらに究極的背景としては、社会的能力の向上とコミュニケーションの向上とを促した、ホモ・サピエンスの脳細胞の発達に行き着くのであろうが、それは考古学研究以外の研究領域に属する問題である。

系統的個体識別法

ある文化の歴史を考えるには、その誕生のときから始めるのでなく、そこよりはるか前まで遡り、また文化が終焉したときで締め括るのでなしに、さらに先に延ばす仕方で展望することが必要である。斜軸尖頭器石器群からナイフ形石器群への移行の時期を考察する場合も、両石器群を対応させて描く研究戦術をとってきた（安斎1988）。そうすることによってのみ、斜軸尖頭器石器群の中にナイフ形石器群の先適応的な様態を探し出すことができるし、同時にまた、ナイフ形石器群の中に斜軸尖頭器石器群の継承を見て取ることができるからである。進化論的地域適応論者は、その際に、石器・石器群の諸変異を根本的なもの、適応進化による変化の素材として捉えようとする。そのため、できるだけ多数の資料を集めて変異の範囲を見極めるまでは、石器の型式設定や石器群の類型化を厳密に行うことはできないと考えるのである。それに対して範型論者は、型式というものは固定した本質を付与されていると信じている。変異は邪魔ものにすぎず、個人の影響（癖や嗜好）で生じた、理想型からの一連の乱れにすぎない。範型論者は一つの器種について一定数以上の資料を収録せず、本質的な器種にもっとも近い個体だけを集めようとする傾向がある。既存の石器研究法には全体的に範型論的な先入観が色濃く反映されてきた。

進化論的アプローチをとる場合、著者が「系統的個体識別法」と呼ぶ石器観察法が有効である。この観察法は佐藤達夫から学んだものである。佐藤自らは、土器や石器の独自な見方を概念化あるいは方法論化した著作を書くことなく世を去ったが、残された論文の処々に、特に代表作である「ナイフ形石器の編年的一考察」（佐藤1969）の随所に、その種の観察姿勢を読み取ることができる。石器を類型化せず、個々の石器の特徴を重視した佐藤の観察態度は当時理解されずに、あれは型式学的考察ではないと批判されたものである。比較資料の少なかった時期の仕事であるため、今日的には編年と系統観に修正の必要な部分を含みながらも、その観察眼は未来を見据えていたといえよう。自ら調査した茨城県山方遺跡の石核を権現山IIの石核と関連づけたのも、山形県越中山遺跡K地点の石器中に国府系の石器を見つけ出すことができたのも、石器の型式を縦割りにせず、型式間の個々の石器の特徴に注目してそこに系統関係を探り出そうとしていたからである。ちなみに、佐藤の土器研究でのこの種の最大の成果は、論文「土器型式の実態―五領ケ台式と勝坂式の間―」（佐藤 1974b）に結実している。

著者も同様の視点から、例えば、東京都中山谷遺跡、高井戸東遺跡、鈴木遺跡小学校地下通路地点、武蔵台遺跡などの諸遺跡で出ている、以前からナイフ形石器文化の最初期段階とされてきた石器群に特徴的な、縦打または横打剥片を縦位に使用してその基部に簡単な調整を施したいわゆる「祖型ナイフ」と、栃木県七曲遺跡、宮城県安沢遺跡、群馬県権現山Ⅱ遺跡などさらに古い編年的位置を与えられている遺跡に散見される、基部加工縦長剥片とを系統的に関係づけることができた（安斎 1988）（第44図）。更にまた別の例を挙げれば、ナイフ形石器文化前半期の台形様石器の素材剥片を剥離した石核類のひとつ、盤状連続横打石核との関連で、権現山Ⅰ・Ⅱで採集された「反転横打剥片石核」の再認識とその系統的重要性を指摘した（安斎 1991b、c）のも、この方法に基づいてのことであった。

斜軸尖頭器石器群からナイフ形石器群への移行

ところで、「座散乱木以前」の資料で、権現山Ⅱや長野県石子原遺跡や長崎県福井洞穴15層の石器群など、今日移行期の石器群として再評価されるものがある（岡村 1990b）。しかし、移行期の実態を明示する遺跡はまだ調査されていない。いまは消失してしまった宮城県安沢A遺跡の層位的に連続した断面採取石器などからある程度予想が可能である（第45図）。同遺跡13層上面採取の石器中には、座散乱木遺跡13層上面の掻・削器用の刃を付けた石器類の一つであろうと思われる石器（8）と素刃石器（7）が認められる。次の12層上面の円盤状石核（13）で注目されるのは、一方の石核では打点がもはや周縁を廻るのではなく両端に限定され、縦長剥片が連続的に剥離されていることである。打撃方向と剥片の長袖が一致する縦長三角形剥片（10、11）も採集されている点が重要である。さらにこの面からは打製石斧（14）も採取されている。安沢成層直上採取の二点の縦長剥片も興味深いものである。一点（19）には基部加工が認められるし、他の一点は背面の剥離痕から判断すると、寸詰りながら縦長剥片の連続剥離が行なわれていたことを示しているからである。ただし、両例とも厚さが厚すぎて、ナイフ形石器の素材にするためには、薄く剥ぎ取る技術の確立を待たねばならなかったようである。11～9層でも同種の縦長剥片（17、18）が採取されているが、これらも特定器種の素材として作り出されたのではなく、使用痕からみて場当り的に使われたようである。9層上面からはおもしろい石器（15）が採取されている。おもしろいというのは、基部調整の素刃石器すなわち台形様石器の出現という意味においてのことである。素刃石器と台形様石器は系統的に強いつながりをもつため、技術形態的に重複する部分をそれぞれに含んでいるが、前者は斜袖尖頭器石器群と、また後者はナイフ形石器群と関係を有している。そのため、移行期のもの（続素刃石器または先台形様石器）を扱う場合には、その種の石器を何と呼ぶかという名称の問題が残っている。

安沢A遺跡などで観察されるこのような剥片の縦長指向性に注目して、石子原遺跡→福島県平林遺跡→茨城県山方遺跡、という移行期の変遷観を先に提示しておいた（安斎 1988）。これを承けて佐藤宏之も、「移行期をへて後期旧石器時代に至る間に、剥片剥離技術を中心に全技術体系に影響を与えるような石器群構造の再編成が進行していると予想」しつつ、「剥片剥離技術が分化・再統合を繰り返し、多種多様な剥片剥離技術が開発・整理される中で、全技術系に影響を与えている」のがこの縦長指向性であった、とその意味づけを行った。そして縦長剥片に観察される諸変化、すなわち、①斜軸尖頭形剥片の対称形化（打撃軸と長軸の一致、②短矩形剥片の長狭化、③剥片端部の捻じれの修正、④剥片背面からの原礫面の除去、⑤断面三角形剥片の薄手化、等々から推測して、移行期末期にはすでに石刃・縦長剥片剥離技術が成立していたであろう、と論考を展開させている（佐藤 1990）。このような流れで見ると、山方遺跡の石器群は、石刃技法の発達度及び鹿沼軽石層からの石器出土層の相対的な距離から推測して、武蔵野台地Ｘ層上部からⅨ層下部並行と考えられる（長崎 1990）。

著者と佐藤の研究成果、及びそれらを進展させた田村隆の論考に立脚して推測すれば、後期旧石器時代のナイフ形石器群の「二極構造」（佐藤 1988）ないし「二項的モード」（田村 1989）の成立過程は以下のようであったろう。

まず、石器の素材となる剥片の剥離技術から見ていこう。その進化の過程はすでに繰り返し説明したように中期旧石器時代の新段階から始まる。この段階には小型剥片石器類（素刃石器・他）と中型剥片石器類（削器・尖頭器・他）と大型石器類（打製石斧・へら状石器・他）の三種類の石器製作法が、構造とは呼べないまでも相互に関係して、すでに特徴的に存在していた。前二者のそれぞれの素材剥片の作出法の通時的変遷に注目してみると、小型剥片の剥離は打面を固定せずに打点を頻繁に転移する方法から、基本的には打面を固定し打点を横に移動する方法（盤状横打石核を残す連続横打技法）へ進化していき、台形様石器の素材剥片を提供するようになる。ナイフ形石器文化の形成期に汎列島的に存在したこの横打技法は、南関東では後期旧石器時代を通じて連綿と存続する（砂田 1986）。進化過程で地域化し特殊化したものが前半期後半に現れる東北地方の米ヶ森技法であり、さらにまた、盤状横打石核の打面と作業面の配置が交代し、しかも打点が後退するように進化したものが前半期から後半期へかけて瀬戸内地方で発達する瀬戸内技法ではないかと考えている。ところで言うまでもなく、打点を頻繁に転移する伝統的剥離法もこの間同時に存続し、かつ独自に進化していき（賽子状石核を残す打面転位技法）、最近の下総台地の調査成果に顕現しているように、楔形石器と「初期台形様石器」の二者に主に素材を供給し、一部には「初期ナイフ形石器」の素材も供給した（佐藤 1990）。

さて、後者すなわち中型の斜軸尖頭形剥片の剥離の方は、打点を周縁に廻らす方法（円盤状石核を残す求心剥離技法）から、打面を一端あるいは両端に固定し、打点転移の振幅を狭める方向へ進化していく。その結果剥離される剥片の形態は、次第に対称性を獲得するとともに、長狭化してくる。この時期に顕在化した剥片の縦長指向性は、求心剥離技法とはまた別の技術的発展の系列をもつと思われる平林遺跡の石器群でも顕著に認められる。1988年の論文で、著者は報告書（木本・他 1975）に基づき、また福島県立博物館で実際に石器を観察した経験から、次のように記述し解釈した。「平林を代表するというⅠ類からⅢ類の石核のうちⅢ類のルヴァロワ型石核とⅡ類の円盤形石核は、斜軸尖頭器石器群の終末段階で高度に発達した円盤形石核の退行化形態であろう。Ⅰ類は石子原遺跡のⅠ類とⅡ類、すなわち『祖型石刃石核』と祖型の盤状連続横打石核に対応する。確かにⅠ類の石核類はこの遺跡の剥片剥離生産技術を特徴づけているが、それ以上に重要なのが盤状連続横打石核と、石子原型『祖型石刃石核』とは別種の『祖型石刃石核』である。前者には山方遺跡で詳細に説明した『反転横打剥片石核』も含まれており、素刃石器の素材剥片が剥離されている。後者は角柱状あるいは板状の石材を素材として、その小口ないし稜の部分から１～３枚の厚手の縦長剥片を剥離している。連続横打剥離痕と縦長剥離痕とが同一個体にみられる例もあり、これも山方遺跡例を連想させる。しかし、ここでは長幅指数

150以上の縦長剥片が30点（11.8パーセント）出ているものの、多くは不規則で特定の石器の素材として意図的に生産されたものではない」と。ところが、同じ頃に行なわれた藤原妃敏の分析によると、みかけ上の最大長／みかけ上の最大幅が150を越える縦長剥片の総数は12例（4.7％）で、48例の石核のなかで縦長剥片の剥離作業が行われているものは４例にすぎないという。そして同じ資料の観察から、平林では拳大から幼頭大の礫を選択し、一個体から４～５枚から10枚前後の剥片を剥離していた、と推定している（藤原 1988）。両者の認識の差は、実物を前にして調整しければならないが、その差の生じた所以は、藤原が「真の石刃技法」という範型論的視点から観察しているのに対して、著者は技術の変異という進化論的視点で見ている点であろう。この石器群の編年上の位置と意味づけについては両者に大差がない。ただし、後期旧石器時代の開始を石刃技法の発生にではなく、「二極構造」・「二項的モード」の出現に見るならば、平林遺跡は移行期に属することになる。今のところ縦長化したこれらの剥片がどのように使われていたのか不明であるが、中期旧石器時代新段階から移行期の石器群中に時折散見される、縦長剥片の基部に簡単につけられた剥離加工と、Ⅹ層段階の初期ナイフ形石器の基部加工との類似に注意を向ければ（安斎 1988、岡村 1990、佐藤 1990）、縦長化したこれらの剥片のナイフ形石器の発生にかかわる内在的重要性は見落とせない。

次に素刃石器の進化とその形態的分岐を見てみよう。当初、著者はナイフ形石器の原初形態という漠然としたアイディアにぶつかり、しかもそれを厳密に表現するには時が熟していないと感じ、この概念を示すために素刃石器という大まかな用語を作ることにした。「祖型ナイフ」のように先験的に意味を決定する用語を当てはめて、前以て問題の解き方を決めてしまいたくなかったのである。そこで著者は、問題の石器類に急いで何か短く具体的で包括的な類の名前を付けようと考えたわけである。この言葉の表す概念は漠然としていて、さらに分析を要するということを著者自身いつも思い起こすようにとの思惑からである。

さて、斜軸尖頭器石器群中のこの種の石器は、切断と平坦剥離によって側縁を調整されていたのであるが、素材の形態に応じて台形・矩形・扇形・切出形・尖頭形など、多様な形態をとっている。そこで形態的に注目したいのは、前述のように一方で剥片の縦長傾向が顕著になってきたときに、同時に、横打剥片ながら横に長い剥片などを縦位に使用して側縁調整を加え、先端から一側上半部の未加工部を刃部とした切出形・尖頭形の一種の素刃石器が現われたことである。恐らくこの種の石器が果たした機能の延長上に、一部ナイフ形石器の発生と発達の基盤があったと考えている。横打であれ縦打であれ、作出された剥片の中から機能的な剥片を選出して素材とする段階（山方遺跡や武蔵台遺跡Ｘｂ層の石核に両剥離痕の共存例が見られる）を経て、石器の素材として専ら縦長剥片が用いられるようになり、側縁調整に替わって基部調整が採用されたものが「初期ナイフ形石器」の姿なのであろう。また、初めは素刃石器と区別がつきにくいのであるが（武蔵台遺跡Ｘｂ層）、平坦剥離から急斜度剥離（ブランティング）の併用に、また側縁調整から基部調整の併用に移行していくにつれ、「初期台形様石器」の形態が整ってくる（武蔵台遺跡Ｘａ層）。つまりここで言いたいことは、素刃石器は主として台形様石器への進化の道を辿ったのであるが、それだけに限らず、一部の形態はナイフ形石器の発生にも関係していた、ということである。要するに、剥片の縦長指向性による長狭・薄手化、基部加工の剥片、素刃石器の形態分化など形態・技術・機能上それぞれ別途に存在し、進化してきた要素群の収斂、それらの関係性の確立、システム化がナイフ形石器を生み出したのである。したがって、岡村道雄や戸田正勝らが考えるような「ナイフ状石器」からナイフ形石器への単線的進化・発展という視点（岡村 1990a、b、戸田 1992）からは、斜軸尖頭器石器群からナイフ形石器群への構造的変化、つまり「二極構造」あるいは「二項的モード」の出現を説明できない。

後期旧石器時代開始期にみられる以上のような石器製作技術上の向上、あるいは構造化（武蔵台遺跡Ⅹa 層段階）の背景には、同時に人間の知性の発達による社会的能力の向上と、個人と個人、個人と集団、集団と集団との間の交通関係の向上があったであろうし、それらの向上は生業上の行動パターンの複雑化を、したがって社会的・宗教的制度の発展を引き起こしたことであろう。ナイフ形石器群という「モノ」の発生過程からはそのような「コト」が推定される。ここに再度提起した移行期論の当否は、今後、局部磨製石斧など新しく現われた石器の系譜と変遷や、黒曜石など産地が局限された良質石材の初出と分布や利用頻度の推移（田村･沢野 1987、田村 1992b、金山 1990）といった方面の「モノ」の研究とも絡めて、中位の理論により補強していく必要がある。

Ⅱ　2000年11月 5 日以降

1.　2001年の「『前期旧石器捏造問題』に関する私見」（『異貌』拾九、2-13頁）の前3ページ分。

コメント

4頁以下に続く「注としての補足文」は後掲。ここに再録の文章中、「一考古学徒の弁明」の部分が発覚後の数日間に書いた文章である。

はじめに

昨年の11月5日（日）、天気が良くて暖かかったので、前日開館した船橋市飛ノ台貝塚の遺跡公園付設の博物館を見に出かけた時に、館内でたまたま出会った春成秀爾さんから毎日新聞の大スクープ記事の件を教えられた。はやる気持ちを抑えて、京成津田沼駅で買った毎日新聞をパラパラめくりながら帰宅すると、すでに3件の取材電話が入っていた。子供が受けた時事通信社の予約分だけは、約束通り二時に再度かけてきたので取材に応じた—電話取材ではこちら側の意図が正確に伝わる保証がないので、匿名にしている—が、取材合戦でうるさくなりそうなので、その後は近所の図書館に避難を決めこんだ。

翌日、以前から懇意の朝日新聞の宮代栄一さんから電話があった。時事通信のコメントを読みましたとのことであった。匿名のはずであったが、と不審に思っていると、「国立大学助手」と「55歳」ですぐにわかったという。そうした経緯と、私ならどの遺跡は大丈夫だと遺跡名を挙げてくれるだろうという宮代さんの期待？があって、翌日の文化欄に載ったようなコメントをした。

＜閑話休題＞

昨年、埼玉県秩父市の小鹿坂遺跡が話題となった時、『週刊新潮』の記者から電話取材を受けた。否定的な見解を期待しての取材であったが、記者自身は考古学の「こ」の字も知らない様子なので、一時間以上も基礎的講義をするはめになった。翌週の『週刊新潮』の該当記事を読んで、その聞き取り情報のまとめ方にミスが多いのには大いに驚いた。その時もやはり匿名を希望しておいたが、おそらく私の身分が助手ということから記者が勝手に推定してのことであろうが、「国立大学のある若手考古学者」となっていた。この件は数人の友人に話して大笑いとなったが、その一人、佐々木藤雄さんが最近の著書に『週刊新潮』のその部分を引用している。どこがでたらめか、読んでみてください。

話を戻します。

宮代さんとは電話でいろいろ話したが、その際に、私自身の見解はしっかり書き留めておきたいという希望を受け入れてもらい、四百字詰原稿用紙四枚で朝日新聞に載せてもらうことになり、後日ファックスで原稿を送った。事情はわからないが、しかし、ボツとなり掲載されなかった。その代わりといっては変なのだが、捏造問題についての私見は、事件発覚後約一ヵ月して行った立花隆さんと馬場悠男さんとの鼎談が活字になっているので、この時点ですでに読んだ人もいるであろう。ただし、あそこでの発言は立花さんの質問に答えるという形のもので、当方としてはあくまで受け身のものであった。そんな思いもあって、事件発覚直後の率直な感情と認識を記した四枚の原稿をこのままボツにするのも忍びがたかった。そこで、オリジナルの文章とそこでは意を尽くせなかった分を注の形で補足して、発表誌としてふさわしいと考える『異貌』に投稿したわけである。

一考古学徒の「弁明」

旧石器時代を研究テーマとしている研究者として、更にまた、日本考古学をめぐる構造的矛盾を指摘し、研究の「パラダイム転換」を主張してきた考古学者として、一般論を避け自身に即して、今回の事件（前期旧石器時代の捏造）に関する所感を述べたい。

今年の春の総会において、発表者の連記順位を変える手法で「前期旧石器」関連の発表が午前中いっぱい行われた。とかく学会としての運営・役割に批判がある日本考古学協会が、藤村新一氏がかかわった遺跡を調査・検証する特別委員会の設置を決めた。いったい誰がどのような基準で誰を調査者に選ぶのであろうか。「出土状態」には情報源として、遺跡の形成過程や発掘者の予断などに左右されるため限度があるから、いかにそれを念入りに調べても、出土状態が本物かどうかの判別に役立つような情報さえ得ることは難しい。そこで必然的に石器そのものの技術・形態的情報が重要になる。石器の本質を解明するために、石器研究者が自身で石器自体のもつ型式学的意味を読み取ることが肝要である。

東北旧石器文化研究所が藤村氏を除名処分にした。しかし藤村氏あっての研究所であり、研究の苦手な氏に代わって報告書作りや研究論文を発表すべき責任を放棄して、荒唐無稽なことを書き散らかしていた関係者の倫理的責任はどうなのだろう。「安斎らには見せない」と名指しされていた当事者として私は、研究所を解散し、それぞれ一個人として出直すべきだといいたい。仲間内で論文を引用し合い、部外者とりわけ批判者の著書・論文を無視・黙殺する風潮も、閉鎖的グループの温床となっている。また、日本の考古学者に総じて言えることは、現場第一主義の素朴な経験主義にたち、方法論など論理的思考を蔑む傾向が根強いことである。

「知的先取権」に絡むことであるが、研究者は報告書や論文で調査者が自説を展開するのを待って、新資料を利用するのが原則である。その後の論争を通じて、研究者間に共通認識が生み出されて定説化していくのである。近年は調査中にもかかわらず、「おいしい」データを無批判に講演や著作に利用する研究者が多い。今回の教科書や講談社の歴史本の問題はここに触れてくる。(三内丸山遺跡も調査中であることに注意)

ドイツのナチスの政策例を引くまでもなく、考古学は自民族の優秀性や自国文化の古さを誇示するための素材として、政治的に利用されやすい。それほど極端ではなくても、「町興し」「村興し」のために行政が考古学の発掘成果に期待するところは大きい。しかし往々にして、行政者が描く構想と考古学の学問（科学）性とは相容れないものである。そのあたりを「行政内研究者」は自覚しておかなければならないだろう。

藤村氏の「神の手」を仕立て上げる役割を、NHKと朝日新聞社をはじめとするマスコミが担っていたことは否定しようがない。にもかかわらず、マスコミの論調は、「なぜわからなかったのか」と、旧石器研究および旧石器研究者の未熟さに原因を押しつけようとしている。ふだんマスコミが目もくれない一般の研究者のこれまでの堅実な業績に対し、これほど無礼なことはない。取材・報道姿勢をまず自己批判すべきであろう。

最後に、私自身の研究成果に関して言えば、「小型剥片石器群」で特徴づけられる前期旧石器時代、「斜軸尖頭器石器群」で特徴づけられる中期旧石器時代、「台形様・ナイフ形石器群」で特徴づけられる後期旧石器時代という全体的構図は、前二者において中峯Ｃ遺跡、座散乱木遺跡・馬場壇Ａ遺跡の石器資料に準拠している部分が多いが、白紙撤回する必要がないと考えている（拙著『理論考古学』「第三章　日本列島の文化の発現」)。

2. 2001年の「現代考古学のパラダイム転換」(『東海史学』第35号、31-61頁)からの抜粋。

コメント

2000年11月18日に開かれた2000年度東海大学史学会大会で、「考古学におけるパラダイム転換—考古学の明日をめざして—」と題して、講演を行った。後日、録音テープからおこして文章化され、『東海史学』に掲載された。

只今紹介いただきました安斎です。私の考古学の経歴というのは今紹介されたとおりなのですけれども、最近では専ら日本を中心とする旧石器時代を研究してきましたので、先週来騒いでいる問題も、実は私にとって他人事で無い問題で、今回なかなか準備できなかったということがあります。あのような事件が起こる背景というのでしょうか、日本考古学が持っている構造的な矛盾というものを私自身も、十年来、最近では現代考古学という言葉をキーワードにして色々発言してきましたので、そういう事を念頭に置きながら、今日は、現代考古学というものを、私自身が書いたりしてきたものと重なりますが、少し話してみたいと思います。

(中略)

理論考古学の提唱

(前略)

最近の例で挙げますと、否定はされましたけれども、東北地方を中心として原人段階の五〇万年や六〇万年前の遺跡が出てくる。そこでは、穴を掘って石器を埋めてあったり、石器が並べられていたりするといいます。そういうものが考古学の経験則で分かってくると、私たちは、ある時期、日本の考古資料の最古のものは六〇万年前であるとこういうふうな命題を唱えます。この種の経験則を説明するために、どうしたかというと、その発掘に関わった人たちが論文には書かなかったため、それが公的な論題になっていかなかったけれども、彼らが様々なところで言ったり、書いたりしていることは、例えば、私が基本的に考えてきた、原人は南から、ですね。アフリカを出て、西アジアを出て、インドを過ぎて、南中国、あるいは、ジャワに入り、日本にきたというような考えに対して、北回りの原人説というのを唱えたわけです。そういうのがモデルですね。つまり、それは、北緯40度以北に前期旧石器が出た。北海道にもあった。本州の北側にも出る。じゃあ、それを説明するにはどうしたら良いのか。従来のような南回りでは説明できない。ですから、新しい仮説・モデルとして、北回りを考えてみた、そういうような言い方ですね。

しかし、あとで申しますけれども、この考古学的経験則とモデルを一対一対応で直結させると、大変危険なこともあります。今回もそういうことで、コケてしまったわけですけれども、この低位の部分と中位の部分は一対一では結べない。つまりここに入るためには、ミドルレンジセオリー、つまり、中範囲の研究をしなければならないということが、プロセス考古学の人たちが唱えた、私自身も今日的な成果ではないかと思っています。（下略）

（中略）

私自身も、一九八〇年代後半から今日までそうした動向を視野に入れながら、それでは日本考古学ではどうだろうかと考えて発言してきたわけですけれども、残念ながら、これが日本考古学の大きな動きとなるにはまだいたっておりません。そういう意味で、先週来、先々週来でしょうか、前期旧石器問題で騒がれておりますけれども、ああしたものは単に旧石器、あるいは前期旧石器に関わった人々だけの問題ではなくて、やはり日本考古学全体を取り巻く、構造的な矛盾が噴出したものというふうに捉えて、各人があの問題を自分の問題として考えていくことが、結局、日本考古学のパラダイム転換につながっていくのではないかと思います。新聞や様々なメディアで、多くの人たちがコメントをしてきましたけれども、私自身がそうしたコメントを読みながら、なかなか納得いかなかったのは、みんなが、それぞれ自分の問題というところにひきつけたコメントではなくて、何か、自分の外にあるような問題に対して発言しているようなものが多かったということにあるかと思います。これからも私自身は、この現代考古学という言葉をキーワードにしながら、先ほど言いましたような批判的、あるいは反省的なプロセスとして考古学を捉えていくこと、それが現代考古学のあり方だろうと思っております。いたらぬ発表でしたけれども、ご静聴ありがとうございました。

3.　2007年の「旧石器時代の祭祀―狩猟者の儀礼、思考、想像力―」（『まつりの考古学』学生社）からの削除部分。

コメント

2000年12月から翌年の１月まで５回にわたり、かながわ県民センターで開催された考古学ゼミナール『祈り―祭祀にみる人々の心―』において、12月６日の第一回目の講義を担当した。話の中で日本列島における事例として「上高森」に言及した。数年後に学生社から録音テープからおこして一冊の本にまとめたいとの申し出があった。出版までにさらに年月が重なったため、新しいデータを挿入したところページ数が増えてしまった。そこで“いまさら”という感があったので、最終校正の際に「上高森」への言及部分を削除することにした。以下はその部分である。

ここまではヨーロッパを中心に話してきました。紹介した遺跡には絵画、骨製品、偶像、遺体、墓穴などさまざまな具体的な考古資料があります。日本の旧石器時代の祭祀については、死者の埋葬などに関連して、何か儀礼を行ったかもしれない、そうした遺構だといわれているものをいくつか頭に浮かべてみなした。宮城県上高森(遺跡)、大分県岩戸遺跡、北海道の湯の里４遺跡、長野県神子柴遺跡、日本ではこのぐらいしかありません。上高森（遺跡）については、藤森新一さんが自分で捏造したといった場所です。さきに言いましたように、前期旧石器時代には世界的に見てもその種の遺跡はないと言われていたたぐいの遺構でした。世界の第一級の研究者たちがないと言っていたものが日本で出てきたということで、新聞もテレビも大騒ぎしたことは皆さんもご存知のとおりです。百年以上の長い年月をかけて積み上げられてきた考古学の成果を、一つの発見によって、しかも検討もまたずに日本は例外だといって大騒ぎしてしまったわけです。ですから、藤村さんが確かに捏造したかもしれませんが、その周囲でテレビと新聞が大々的に取り上げて、皆さんのところにまちがった情報をたれ流したということが問題なのです。

(中略)

ホモ・エレクトゥスというのは、北京原人とかジャワ原人という呼び名で知られていたものです。日本の場合は「高森原人」と「秩父原人」の名があがっていましたが、これはいまや霧のように消えうせました。ここまでを前期旧石器時代と呼んでいるのです。

(中略)

藤村さん自身も、報道されたように捏造していましたけれども、おそらく何十年もああいうことをやっていて、そういう地層を見ることはできたと思います。ですから、彼が埋めたといわれる石器、切り通しの断面などから引き抜いていますけれども、その地層は外していないのではないでしょうか。つまり、でたらめにそういうことを知らないで埋めておくと、その地層が一〇〇万年前とでたり、もっと新しくてせいぜい五、六〇〇〇年前とでるはずですが、そうしたことがなくてだいたい四、五万年前とか数十万年前という層からでてくるようです。そういう部分は見る目があったのかなと思います。

(中略)

こうした非常に緻密な研究法がある一方で、上高森の場合、男と女を象徴するような石器を並べたという解釈を発表してしまう。たとえ一つの仮説であったとしても、そうした解釈がどこから引き出されたかの説明を抜きにして、それを見たときの印象で、凸状に見えるだの、凹状に見えるだの、それらが組み合わさって見えるだのと思ってしまう。

そういう文化現象が数十万年前からあったかどうか、他の物証にあたるというのではなく、観察する人たちの先入観で象徴的なもの、男と女、男は凸、女は凹というように、連想ゲームのように想像を推し進める。そうした印象をあたかも現実であるかのように発表してしまう。そういう学問上の手続きに過ちがあったわけです。さきほども言いましたように、脳のほう、心の発達のほうから考えても、どうも四〜五万年前よりあとでないと、祭祀的な遺構が出てこないと思われます。

（中略）

さて、日本列島へ話を移します。上高森（遺跡）自体はまだ生きていると、梶原洋さんや鎌田俊昭さんが言っています。藤村さんは今年（2000年）の発掘分しか捏造していないというわけです。ただし、いままで話してきた世界的な研究レベルでモノを見てくると、どこがおかしいかわかります。

「世界最古の象徴」と書いていますし、埋納遺構ともいっています。この言葉は鎌田さん、梶原さんたちが頻繁に使う言葉です。朝日新聞やNHKもこれを使っているわけで、あれほど大々的に報道をしていなかったら、一部の人たちのローカルな話題にとどまっていたはずです。研究学術書や報告書を彼らは書いておりません。

私は行きませんでしたが、先日、秩父で行われたシンポジウムではみんなシラケていたそうです。その予稿集にはネタがばれる前に書いたことが出ていました。そこには彼らがどう考えていたかがそっくり書かれています。この件です。

「この埋納遺構の意味については、鎌田により、円形に囲む女性器とその中心に位置する男性器であるとする仮説が提示されているが…」。

ここで仮説と言っていますが、専門家は本来この種のものを仮説とは呼びません。仮設ではなくて思い付きです。

「……ほかにも現存の時点では証明不可能なさまざまな仮説を提示することが可能である」。

それは可能です。思いついたことを何でも言っているのですから。

「例えば、一、太陽の表象。二、軸線と方向が日の出もしくは日の入り方向を示す季節的儀礼。三、儀礼的な埋葬行為、なども提示できる」と書いてあります。こういう説を提示するためには、それぞれに特有のデータ類を提示して、なぜそう解釈するかという思考過程を示さなければいけない。つまり、ほかの人たちが検証・反証できるような形で出すのが仮説です。

「このような原人段階にみられる左右対称性については、これまでもさまざまな研究者による仮説と解釈が提示されてきた……」。

この部分はハンドアックスと呼ばれる石器については妥当します。このようにいろいろ書かれていますが、基本的にはマイズンさんのモジュール論仮説が、緻密度といい、全体的なデータの提示の仕方といい、水準の高いものですから、それと比較してみてくださいということです。

彼らは、上高森（遺跡）では全面に穴を掘って、そこに石器を埋納していた、それはシンボリックな行為だといってきたわけです。しかし藤村さんがこの穴を掘って石器を埋めているところを見つかってしまったわけです。ですから、見つかった分だけが捏造で、ほかの遺構は有効だとどれだけ言っても、そのグレーな部分は消えるわけではありません。図の一番上がさきほど言った部分です（講演で使った図を省略）。

新聞でも大騒ぎして、NHK も〈堂々日本史〉に藤村さんを出演させました。私もたまたま見たのですが、森浩一さんも一緒に出ていました。こういっては気の毒ですが、藤村さんという方は層位を見たり石器を見つけることはたいへん得意のようですが、それを研究したり説明したりすることができないわけです。それを担当しているのは鎌田さんと梶原さんで、鎌田さんが女性器、女性器うんぬんと言いましたのを、それをほとんど受け売りでテレビに出た藤村さんがそう言ってしまったようです。

見ていて正直“ぶっ飛んで”しまいました。集石を見て、どれが男性器で、どれが女性器で、その組み合わせだと読み解いたのです。読み解いたという藤村さんもすごいなと思うのですが、さらに状況を悪くしたのは森浩一さんです。森さんが隣で、「それはちょっと行き過ぎだよ」と諌めないで、ウンウンと聞いていた。そして捏造が発覚したあとで、あれは駄目だと言った。ルール違反です。

ですから、今回、関連者が次々テレビに出て言い訳や弁解をしていましたが、後ろめたいところは、私たち考古学者がみんなどこかに必ずもっていたわけです。そういうものをみんな出して「ごめんなさい」で済んだはずなのですが、それぞれが言い訳をしたために、非常に悲劇、いや喜劇的になってしまったということです。

写真で見ると、確かにU字形とT字形と見えないこともないけれども、それは観察者たちが第一印象で感じたものに過ぎない。確かに現場第一主義です。発見そのものが大きな功績になるし、その発見がメディアに大きく取り上げられる。

しかも、テレビ局も新聞社もほとんど例外なくセンセーショナルな報道姿勢のまま、発表を受け入れている。さらに、電話取材を受けた考古学者は現場を見ないままに、「それはすごい。日本考古学の大きな課題となるだろう」とか、「日本史を塗り替えるだろう」とか、コメントするわけです。そのように報道された遺跡に関して、報告書が作成され、論文が書かれて研究者間の共通認識となる例は多くありません。

こうした遺構を見たときに、現場に居合わせた人は何らかの印象をもちます。しかし印象というのは、私たちがすでに見たり聞いたり学んだりして頭にあることから浮かんできます。ですから、UとかTといったアルファベットを知らない人は、その形を見てもだれもUとかTとは言いません。それを小さい子供に見せても、これはU字とT字の組み合わせだとは思わない。子供でなくても、アルファベットを知らない人が見た場合はそうです。たまたまアルファベットを知っていたために、それがUの字に映り、Tの字に映ったというだけのことです。

しかも、そのUとTというのを、Uが女性器でTが男性器だというのは問題外の話です。男性のシンボルとか女性のシンボルとかいうのは、人類学や民俗学上のそういう情報を知っている人は、そういうことに結び付けたがるのです。私たちがもっている現代人的な見方、考え方が最初の印象としてまず浮かび、あてはめるだけの噺です。

実際に六十万年前のヒトと私たちが同じ認知力をもっていたことは証明されていません。学問的手続きが必要なのです。そうであるというためのデータ検証、あるいは中間的な研究を、発見と解釈との間に入れなくてはならないのです。

認知科学あるいは脳の研究であるとか、民族学であるとか、霊長類研究あるいはサル学であるとか、いろいろなデータを集めてくる。すると、どうもホモ・エレクトゥスも男と女の役割というか、生殖的なことを知っていたのだということを何らかの資料で提示することができたとします。あるいは、そうしたことをシンボリックに考えていた、私たちと同じような思考法を持っていたようだということを、ある程度具体性をもって固めることができたとします。そうしてはじめて仮設という形で見解を提示できるのです。いったん提示されると、提示されたデータを詳しく検討してみることができます。その結果、提示されたデータは二級以下の資料価値しかなく、検証に耐えられないことが明らかにされた場合には、却下されてしまうのです。仮説の提示とそれに対する反証の提示という行為は、本当に真剣勝負なのです。

その論争過程が三年とか五年、へたをすると何十年も続く。ようやく落ち着いてきて、みんなの意見が一致を見るようになる。その段階ではじめて仮説は定説となるのです。そうすると、教科書にも載せられて歴史として教えられるのです。

ところで私が習った昔の教科書には、「人類百万年」と書かれていました。近年の発掘現場では、四五〇万年前、あるいはそれ以上古い年代の化石骨が次々に出ているようです。多くの場合、意見が分かれるわけです。研究にはそういう面があるので、発掘担当者は自分の発見物は最古の部類のものだと言いたいのです。しかし普通、他の研究者たちがそれに同意するようになるまでには十年ぐらいかかるのです。ですから、教科書の記載は十年ぐらい遅れても仕方のないことなのです。

教科書の記述が真実で、だからそれを教えることが大切なのではなくて、教える先生が、教科書には百万年前と書いてあるけれど、最近の新聞や雑誌を見ると二五〇万年ぐらいのものが出ているようだから、もしかしたら二倍くらい古くなるかもしれませんよ、と話してやることが大事なのです。子供に対しては教師や周りの大人たちがフォローすればいいわけです。今回、教科書にのったことはまだ発掘の最中であったわけです。

4.　2001年の「ねつ造が意味するもの」(『立花隆、「旧石器発掘ねつ造」事件を追う』52-92頁) の発言部分。

コメント

朝日新聞社の関係者から立花隆氏らとの座談の話が持ち込まれた。「まだ事件のインパクトがあまりにも大きく、考古学界の主だった人々は、人間関係、学閥関係のしがらみもあってか、芹沢門下生たちの独走にこれまで批判を加えることもなく、いわば消極的に支持してきたに等しい態度をとってきたためか、いまだに半ば茫然自失の状態にあり、何をどう考えたらいいのか、自分でもまとまりがついていないような状態だった。……この人も芹沢グループの仕事に歯に衣をきせぬものいいをしてきたので、グループからいやがられてきた人である」、というのが白羽の矢が立った理由のようである。この捏造問題を素材にして、「考古学は科学たりえるか」をテーマとする、ということを前提にして了承した。

2000年12月11日、テレビカメラが運び込まれ、午前中は考古学研究室列品室と総合博物館所蔵の旧石器類を説明し、午後は馬場悠男氏をまじえて、途中短いコーヒーブレイクを挟んだだけで、夕方までテレビカメラの前で鼎談が続いた。話はもっぱら捏造問題に終始し、「考古学は科学たりえるか」への切り込みという点では不満が残った。終了後、夕食に誘われたが辞退し、一人、池之端の「樽平」で心を静めて帰った。なお、座談会のテレビ放映はなかった。

立花　(他の出席者の発言はカット。以下同)

安斎　私たちとはあいさつをする程度の関係ですけれど、最近では7月(2000年)に現場に行って一晩泊まりまして、いっしょに飲む機会がありました。藤村さんは、酔ってくると裸踊りをする、とか言われたりしますけど、素面のときは無口な人です。

立花

安斎　80年代には彼らのところへ頻繁に行って見せてもらってましたから、遠くというより発掘現場で、１日がかり２日がかりで基本的に全部見ていました。当時は、中期旧石器のムステリアンという石器群に、同じではないけれど近いなと思っていました。

立花

安斎　当時はぜんぜん。藤村さんの名前も出てきませんでした。

立花

安斎　私には、中期旧石器から前期旧石器に移ったころから藤村さんが出てきたように思いますね。中期旧石器、いわゆる斜軸尖頭器群と言われている段階ではあまり印象に残っていません。やっぱり前期からだと思います。

立花

安斎　藤村さんが、発掘に絡んだと言われる中峯Ｃ遺跡（宮城県大和町）。これは藤村さんは見つけただけで、基本的には行政がやっている。私も見せてもらって、著書にも書きましたが、これはいけるだろうと今でも思っています。ですから、その後ぐらいですね。東北６県と北海道を入れた研究者たちが年１回12月に集まって、その年度に出た資料などを持ち寄って討議する「東北日本の旧石器文化を語る会」で、藤村さん、というような名前が出てきた覚えがあります。ジャーナリズムのほうで出てくるのは90年代になってからだと思いますけれど。いずれにしても藤村さんの名前が印象的になってくるのは、かなり最近のことです。

立花

安斎　私は日本の旧石器時代の枠組みを、前期旧石器が小型剥片石器群、中期旧石器は斜軸尖頭器石器群、後期旧石器は昔から言われているナイフ形石器群というふうに分けているんです。中期では斜軸尖頭器以外に、クリーバーとか斧型石器と呼ばれる大型の石器があるんですが、これは中期の新しい段階で出てきて、後期の局部磨製石斧などの祖型だろうと考えていました。ところが、(彼らの発掘では) それが実は、前期に出るということになる。私の枠組みを外れて、説明がつかなくなった。60万年前までさかのぼるし、これを一体どう説明したらいいのかと悩みました。それに、人間は大陸から入ってきたはずなのに、大陸側にそれに対応する石器がまったくないんです。ですから、全体の構造・枠組みからしても説明できない。

立花

安斎　信じていないという人はかなり多かったと思いますね。

立花

安斎　そうですね、前期旧石器から信じないっていうのはありました。石器が新しいとか、出方が変だとか、あるいは、一方で話題になるものが出ると今度はその話題をずらしたような別の話題がうまい具合に振り子状に出てくるとか。「あんなのありえないよな」とか、「藤村石器か」とか、「埋めたんじゃないか」とか、飲むと必ずというくらい言ってたんです。冗談ですけどね。ふつう、発見されてそれを掘ると、石器はあるかたまりに集中しているんです。円形なり楕円形なりに広がって。でも、いくつかの遺跡で掘っても出なかった。藤村さんが来なかった年には出なかったとか、そういう情報もありました。穴がでこぼこ出てくるのにしても、シンボリックというよりもむしろ、(原人は)自分で穴を掘って埋める習性があったかもしれないとか、そんな冗談さえ飛び出したことがありました。

立花

安斎　最近の研究では、原人の行動は習性では説明できないことになってきていますが、無理をすれば説明できる。ただし説明できないこともある。へら形石器といっていたものが60万年前にほとんど完成された姿で出てきて、中期旧石器時代もずっと続いたのに、後期旧石器時代にはすっぽりと抜け落ちる。そして縄文でまた大量に出る。そんな出方になってしまうんです。完成された姿で数十万年続いたのに、後期の2万から3万年間にすっぽり抜けて、縄文でふたたび出る。この現象は、ちょっと説明しようがない。そこでとりあえずあったという前提で、説明できるものとできないものを分けておいて、彼らが報告書や論文を書いたときに論理に合わないものを批判しようと思っていました。

立花

安斎　合うには合いますがね。ちょっと気にかかるのは、小型剥片石器ですね。2～3センチの両面を加工して先を尖らせたもので、石が玉髄のように非常に固いんです。原人は握力はあっただろうけれど、今の石器製作者でも閉口すると思われるほど指先を器用に使わなくてはならない石器がはたして作れたかどうか。しかも、あの種の石器がほんとに縄文かどうか。縄文だとしても、あれだけ大量に出るっていうのは、分からないですね。

（中略）

立花

安斎　あれは主催した人たちが呼んだんですよね。研究者たちにとっては、呼ばれたわけです。呼ばれてきて、あそこで接待を受けたり、いい条件で見せてもらえたりしたという背景があります。そういうのが、公的なコメントにも影響していることも考えられます。もう1つ、石器は、地域性を非常に反映するものなんです。アフリカならアフリカ、ヨーロッパならヨーロッパの石器しか見ていない人たちが、たとえどんな目利きでも、アジアの石器を見るのは非常に難しい。フランスでずっとやってきた人は、基本的にフリントの石器ばっかりずっと見ている。アジアへ来ると、フリントがない。黒曜石や頁岩は似ているからいいですが、珪岩とか、質の悪い石材を使ったものは基本的に見られないですよ。だから、なかなか的確な評価につながらない。日ごろ見なれていない石器について「違う」とも基本的には言えないものなんです。

立花

安斎　それはあるでしょうね。考古学に限ったことではないですが、ヨーロッパ人中心にやってきたことが、別な世界の見方もあるんだという風に、最近は考えられるようになってきていますよね。考古学では、私たちが大学で勉強していたころ、あるいはそれより少し前まではフランス中心で、フランスの編年が世界の編年の代表とされていました。しかし最近のこうした知的状況を意識している人なら、自分の持っている目を中心にではなくて、やっぱりバリエーションがあるんだということで歩み寄る。そういったことも働くかもしれません。

立花

安斎　藤村さんがNHKの番組に出て、そこで「T」と「U」を出してきて、Tは男、Uは女のシンボルだって発言していたんです。私、それを聞いて、藤村さんがその場で発したことだと思って、しょうがないな、そんなこと言ってというくらいに思っていたんです。ですが、今回、秩父のシンポジウムで出されたレジュメを読んでいたら、その意見は鎌田俊昭さんの意見だと書いてあるんです。ですからおそらく藤村さん自身は、こうした文化論や行動論に行くだけの考えは持っていなかったと思われるんです。あの仲間の間で話しているときに、リーダー格の鎌田さんの頭の中に、ああいうシンボリックなのがおそらく入っていて、それをオウム返しにして藤村さんが言ったのではないかと感じました。藤村さんは、鎌田さんや梶原さんたちの発言を聞いていてそれをオウム返しにしたり、あるいは、彼らが今度はこういうのが欲しいね、というあたりが、彼の行動に反映したりしていたんじゃないでしょうか。

（中略）

立花

安斎　現生狩猟採集民ですと、基本的に、性行為と出産との因果関係が分からないみたいですね。それがわかるのは農耕民になってからだといわれています。

立花

安斎　それに、埋納ですけれども、日本では長者久保・神子柴段階という細石刃の直後の後期旧石器の最終末に出てきます。この一群は珍しく大型の石斧なんかをデポ状に埋めるんです。もしあれが本当なら、日本の旧石器史上で、埋納は60万年前にあって、そのあとずっとなくて後期旧石器にもなく、最終末になってからはじめて現れることになる。空白がたいへん長い現象ですね。後期旧石器時代にしても、きちんとした解釈はないんです。ヨーロッパの解釈を引用して、石槍を作った人と石斧を作った人との交換の場だとか、次の交換行為に備えて埋めておくとか、何らかの儀礼的なことだとか言われたりはしていますが。ましてや、それよりはるかに古い時代となったら…。

（中略）

立花

安斎　歴史は繰り返すじゃないけれど、それは、相沢忠洋さんと芹沢長介さんの関係を彷彿とさせますね。つまり、岩宿を見つけたのは相沢さん。そしてその後、相沢さんの発見資料で意義付けをしたのが芹沢さん。芹沢さんが日本の旧石器研究のパイオニア、長老という感じになっていく一方で、相沢さんは最後まで発見者ですよね。だいぶたってのことですけれど、それが岡村道雄さんと藤村さんの関係に繰り返される。発見もいいけれど、発見されたものをどう論文に書くかを藤村さんに教えてやって、彼の名前を出して、彼自身が発見したものを自分なりに表現できるように周りで持っていったほうがいいと誰かに言ったことがあるんです。でも、岡村さんが離れてからも、藤村さんが発見して、鎌田さん、梶原さんたちが意味付けをするという同じようなパターンを繰り返してきましたね。

立花

安斎　藤村さんがテレビに出たり、話したりしているところの感じからすると、やっぱり意味付けはできないと思いました。彼自身もそういう発言をしている。テレビであういう象徴的なことを言ったのを聞いて、突拍子もないことを言うもんだなと思っていたんですが、これも受け売りだったということですね。どうせ埋めるんだったら、いかにも50万年でもおかしくない石器を埋めればいいのに、縄文ではないかと疑われるものを選んでしまう。回りの人たちが、たとえばハンドアックスを見つけたいなという話をしていると、ハンドアックスに似ているものを選んで埋めてしまう。そんな感じですよね。

（中略）

立花

安斎　あると思いますよ。さんざん遺跡を掘って慣れている人がいっしょに歩いていても、発見能力というか地形を読む力がすごくあって説明を聞くとなるほどなと驚くような地形を見つける人だというのです。

立花

安斎　ありうると思います。たとえば秩父にしてもそうです。秩父は現在の荒川面より200メートルくらい高いんですが、あんな山の上ではふつう探さない。それを、細い尾根の上を歩いていて、このへんだと言うんですって。実際に掘ってみると、確かにそこが古いものの埋まった谷の地形だとか、地理的なパターンが似ているそうです。そういった見方は、自分がさんざん歩いている中で自然に身についたんだと思います。

（中略）

立花

安斎　トップクラスなんではないですか。私たちのように大学にいる人間はあまり歩けませんし、行政にいる人たちもほとんど。休日たまに歩くくらいで、歩いている中に入るんです。彼は仕事を休んでまで歩いているみたいです。ですから、地形を見たり、遺跡を探すといった経験的なものを問題にするならトップクラスの経験を積んでいるはずです。

立花

安斎　今まで１点として間違っていない。１万年前の地層とか、100万年前とかの地層に埋めないで、３万年とか30万年とかに埋めているわけですから。

立花

安斎　露頭をいっぱい見ているうちに身につけたか、学んだりしたか知りませんけれど、露頭でこういう赤いのが出たら何万年くらい前だとか、そういう知識を持っていたんだろうと思います。赤色土を探すのは、赤色土は過去のある時に、現在くらいか現在より暖かい気候下に形成されるからなんです。それを目安にしながら、それより下とか上とか、そういう基本的なテクニックをいくつか持てばできることです。ただそれを考古学者自身はあまりやっていないから、藤村さんがやると特異な能力に見える。地層は地層屋さんに任せきりで、旧石器研究者が細かく地層を同定しながら掘るという歩き方はしませんから。

立花

安斎　考古学の基本は、遺跡を掘る、地中から資料を掘り出すという経験ですね。経験をどれだけ積んでいるかは、ペーパーでは到底獲得できない。現場をどれだけ踏んでいるか、石器をどれだけ見ているかというところに大きく関わってきます。そういう意味では、今回関係する石器を手にとって繰り返し眺めることができたのは、あのグループの人たちですから、それ以外の人たちに口は出せないですよ。旧石器研究って、そういうところがあるんです。

（中略）

馬場

安斎　大学の研究者がある問題意識を持って、その遺跡に応ずるだけの発掘をして成果を上げようとすると、10年とか20年単位で続けなくちゃならない。しかも成果を出さないわけにはいかない。それだけの覚悟を持って発掘しようとする研究者はほとんどいない。その一方で、開発による行政発掘の担当者で、大学で専門的にやってきて問題意識を持てる人は100現場に１現場もあればいい。ぜんぜん考古学を知らない、学校の先生から回されてきたというような人たちが１つの与えられた義務として掘りますから、学問的な問題設定を入れないで、お金をいくら継ぎ足してもいいからとにかく半年で終わってくれといった行政や経済界の要請をクリアしていかなければならない。考古学の基本は、遺跡を発掘してデータを取って、その資料にもつづいてさまざまな理論や仮説を立てるんですが、現場と、理論や仮説を立てるほうがこのようにきれいに二分されてしまっている。どっちも踏み越えられない。私たちのほうは掘ることはできない。現場の人は、掘ることと整理で忙しくて論文にする暇もない。

立花

安斎　決まっているわけではないですけれども、ある程度出てきて、自分たちでは手に負えずもっと専門の人を呼びたい、ということになれば、現場指導っていう名目で大学の先生たちに声がかかってくるものなんです。

立花

安斎　旧石器を専門にしている人たちが旧石器を掘るわけではない。人員の配置がありますよね。本来は歴史考古学をやっている人なんだけれども、その現場で旧石器が出てしまった。基本的には、その行政内あるいはセンター内でクリアすればいいんですけれど、お互い忙しくて、同じセンターにいながら何が出ているか分からないような現場もあるくらいだから情報交換がうまくいかず、現場がどんどん独立的になっている。かといって、やっつけ仕事はやりたくない。けれども現場責任者が自分では手に負えない。そんな状態になるんです。

（中略）

立花

安斎　難しいですね。1つの考え方として、藤村さんが最初にかかわったときからというのがありますね。つまり日本は後期旧石器時代までだと大勢の旧石器研究者が信じていたときに、そうではなくて3万年よりも前があるんだという芹沢さんたちの主張が出てきて、お弟子さんたちが一生懸命検証しようとしていたときですよね。

立花

安斎　分かりません。なぜ分からないかというと、座散乱木は上から掘っているんですが、上からは縄文の草創期の土器が出たり、後期旧石器時代のものがずっと出ているわけです。それを2年間掘っていて、彼も行っています。それで3年目にはじめて古い段階のが出ますけれど、でもそれが古いと分かるのは後で年代測定したりしてからのこと。もしその時点でやったとすれば、彼自身がかなりの知識を持っていて、3年目のときここにこれを埋めたら芹沢さんが言っていた前期旧石器論争に決着が付けられると判断して埋めたと考えられる。となると、藤村さんはかなりの知識と権謀術数を持っている人として想定しないと難しい。

その次は、馬場壇の複数層から中期旧石器時代のが次々と出てきて、10万年単位になって前期に入りますよね。そうすると馬場壇をずっと掘っていて、斜軸尖頭器を延々と掘っていたんですけれども、その段階では埋めなかった。ところがそれより下になって斜軸が終わって前期が問題になるところに来て彼が埋めた、とすれば、その過程はやはりかなりの知識を要することになります。

中峯Cで、10万とか、30万とかがはじめて出てきた。これは基本的には藤村さんが石器を見つけた遺跡です。だけど、そこからは100点以上大量に出ているんですが、本体は行政が掘っている。もしあれに藤村さんがかかわって、全点埋めるとするとかなり大変ですよね。調査の体制に入っていない人が入ってきて、かなりの面積にわたって埋めなくちゃならない。そうするとこの中峯Cに加わるのもかなり大変かな、という気はするんです。

私は、前期は小型剥片石器で、中期は斜軸尖頭器と考えていました。それが崩れて前期の石器として現れるようになる。この時点は1つの契機ですね。

立花

安斎　96年に出る原セ笠張遺跡（福島県二本松市）。これに絡むのは、柳田俊雄さんです。柳田さんという人は同志社を出て大学院が東北大で芹沢さんに学ぶんですね。ですが、実際には九州や瀬戸内の後期旧石器をやっていた人で、福島の女子短大で、女子学生を使いながらポケットマネーでコツコツ掘っていたんです。そんな中で、藤村さんを呼んだんですね。発見をしたのは藤村さん。しかし、柳田さんは、梶原さんや鎌田さんとは少し系列が違って、彼らが宮城県や山形県で掘っていたのを横目で見ながら一生懸命福島で探していたんです。

私も現場を見に行ったこともあるんですが、難しいですね。一列には並ばないんですけれど掘っていって広いひろがりはない。柳田さんの遺跡を見せてもらったとき、私が斜軸尖頭器群中の新しい形だと思っていた両面体の石器、ある部分には磨きが入ったようなものが古い年代で出てしまった。それが最初のショックでした。

立花

安斎　10万とかからどんどん古くなっていきますね。上の層から何枚も掘っていますから。それから、私自身は見ていない袖原とか上高森とかいう遺跡で、私が斜軸尖頭器群中の新しいのと思っていた石器が、限りなく古い地層から出てきてしまった。ショックでした。どう説明したらいいのか分からない。藤村さんのほうに目を向ければ、あのグループから岡村さんが離れて、梶原さんや鎌田さんが中心になった段階で藤村さんが急に知られるようになって、「神の手」と言われたりする。そして彼らが研究所を作った。藤村さん絡みでもいくつか段階的な推移があって、どこからっていうのは難しい。とにかく私の研究で言えばやはり、新しいと思っていた石器が極端に古くなった段階、縄文にもあり基本的には出ないはずの石器が出た段階、ほかの遺跡でも危ないだろうなと思いますね。

立花

安斎　後知恵も付けてですけれど。それは、私自身が組み立てた日本の旧石器の進化的な過程では説明できないんです。

立花

安斎　いちばん最初に考えるのは、自分の仮説が間違っているということなんです。だから、自分の仮説を、新しい発見・データによってどう組み替えるかというほうに行きます。それが出てきたとき、大陸側、韓国とか中国とかに同じようなものがないかと探します。それが1つの解決策です。基本的にデータがまずいとは思わないんです。

立花

安斎　ですから、いまやっているようにみんな集めて検討するようにしようとか言っていますけれど、限りなく灰色にするだけだろうと思います。

立花

安斎　本人が言ったとしても、だろうと思います。藤村さんを追い詰めて、やってないことまで全部引き受けてオレが全部やったんだといってしまう可能性は誰も否定できないですね。みんなが怪しい怪しいといってるもんだから、つい最初からそうやりましたって言ってしまう。でもそうすると、2件きりやってませんというのはウソになるわけです。だから、全部やりましたというのもウソでない保証はどこにもない。彼自身が全部やりました、あるいはこの遺跡とこの遺跡をやりました、その発言自体にどうしても灰色がくっついてくる。

立花

安斎　藤村さんがかかわる以前に、前期と呼んでいいところがあったんです。でも、それを認めてこなかった。1つは愛知県の加生沢という遺跡ですね。これを掘った人が、繰り返し繰り返し書いているわけですけれども、学会では取り上げてこなかったという経緯があります。その石器を見ますと、大型と小型がある。小型のは誰が見ても石器。接合する石核と剥片がくっつくような資料がある。それは岡村さんたちが最初のころから認めているんです。しかし大型の石器のほうは、そんなの石器じゃないって、名だたる人たちがみんな言ってきたんです。大陸の石器を見てきた私の判断では、日本のそれまでの、今も含めてですけれど、大陸側と比較可能な石器は加生沢の大型石器だろうと思っています。

立花

安斎　加生沢は大丈夫だろうと思っています。ただこれが発掘されたのは、現場工事でブルドーザーかなんかが剥いでいたのをあわててストップさせて見たんです。今から何十年も前ですので、出土層位がヴュルムとかミンデルとか古い概念の堆積層になっています。現在とは違った基準というか、今となってはちょっと古い基準で年代決定をしている。ですから年代のところが難しい。

立花

安斎　なくなっています。

立花

安斎　藤村さんが絡まない部分では、岩手県の菊池強一さんという人が東北本線の近く金ヶ崎で掘った柏山館跡という遺跡があります。私自身も見せてもらいましたが、菊池さんは地質が専門の人で、当時は地質学的な説明をしてもらっても私にはよく分からなかったのです。ところが最近、ある火山灰の専門家と話してまして、金ヶ崎に出ているのは何十万年前という古い層だというんです。火山灰層ではっきりしていてその前後から石器が出ている。となれば、古くて有望だなと思いました。

立花

安斎　同定されています。たしか30万年前くらいだったと思います。ほかに、斜軸尖頭器と思われるのが、やっぱり岩手で見つかっていますが、これはずっと新しい中期です。前期で確実なのは、それくらいでしょうかね。

立花

安斎　そうですね。私自身は中峯Ｃはセーフだろうと思っています。小型剥片石器という概念を作るときの遺跡は少なくないんですが、その中でいちばんたくさん出ている。中峯Ｃには、石器の形態をこれは何型石器だと名付けにくいような不定形のものが多いんです。その後の剥片石器には、両面加工して先が尖った鏃状の非常に分かりやすいものがあるんですが、中峯Ｃはどう分類していいかが分からないもの百数十点で占められている。中には非常に風化の激しい拳大のものも交じるんです。古い段階の、80年代に見つかった斜軸尖頭器には洗わないとよく分からないような非常に古そうな風化した感じが交じるんですけれど、新しいほうになると剥離面が新しい石器が多い。そのへんも１つの指標かなと思っているんです。

立花

安斎　柳田さんのかかわった遺跡で、いくつか生きるかなというのがなくはないんです。ただ、それを生かすには、私が新しいと思っているやつが古く出ている遺跡を認めることになってしまう。それを組み入れてどう考えるか、ということですから不十分ですよね。自分のとっている仮説を優先させて、あれはだめだというのは楽ですけれども、柳田さんを信じてもいいなというところはかなりあります。信じていいなっているところを生かしていったとき、もう一度見直さないといけないと思うんですけれど。

立花

安斎　きれいな両面体をした小型石器、この種のやつとへら形石器がペアで出る遺跡は危ないかなと思います。そもそも、今さら検討しても無理だという考えに私は立っています。ですから、どれが救われるかっていうのは浮かんでこないですね。

立花

安斎　出てないです。

立花

安斎　それは逆に言うと楽しみですね。

馬場

安斎　中期旧石器までは、原則を飛び越えてないわけですよ。先ほど言った斜軸尖頭器というのは、ヨーロッパのムステリアン。最初の認定は非常に似ているんですね。だから、10万年以降にはあってもおかしくない。

立花

安斎　何を生き延びさせるかは、本当に大変だと思う。ただ、中峯Ｃのような小型で不定形なやつ、加生沢の小型のなんかは入りそうですが。

立花

安斎　種名を与えられない。もういろんなのがある。名前が付けられないということですね。１つのパターンで通らない。

立花

安斎　藤村さんだけじゃなくて彼ら全体がジャーナリズムのほうに向いていましたよ。鎌田さん自身言っているとおり、取り上げてくれないと調査費が出ない。どれだけ広報活動するかっていうことが大事。ですから発掘したとき、学術誌に載せるよりも、メディアにいち早く出す。しかもそのメディアが、１面で書いてくれるように。デポが出た。それが60万年代。埼玉で同じようなデポが出ても１面には載らない。だからどうするかというと、建物跡かなんかにしなければならない。そうすると、繰り返したようにまた、宮城のほうでまた穴が出てきて、しかしただの穴じゃなくて、埼玉のほうじゃ40万年だったから今度は50万。ちょっと見ていくと、そういう振り子運動が追えるように思うんです。その振り子運動の開始がいつなのか、というのも藤村さんの積極的なかかわりにつながってくるんです。

（中略）

立花

安斎　難しいのは、ヨーロッパでは（これも最近は崩れてきてはいるんですが）原人段階の石器は前期旧石器、ネアンデルタール人の段階が中期旧石器、ホモ・サピエンス・サピエンスが後期旧石器、そういう相に分けていますから、前期はだいたいネアンデルタールが現れる20万年前くらいまでです。後期が４万年前くらいから。日本の場合は、原人がいたかもネアンデルタールがいたかも分からないので、石器の顔つきで決めたんです。石刃やナイフ形石器がある３万年前までを後期旧石器時代。それ以前のところは、ヨーロッパの指標を入れても日本ではなかなか出ないので、前期と中期の特徴を入れて括弧付きで前期旧石器と呼ぶ。それが、芹沢さんの考えです。

馬場壇なんか出てきてから私自身も、前期と中期を分類しました。中期は斜軸尖頭器で決めたんです。斜軸尖頭器石器が現れる前の小型石器の段階を前期にした。人間関係や人類とは対応してなくて、石器による時代区分なんです。ちょうど最後の間氷期、11万年くらい前までが切れ目に見えるんですね。それ以前が小型の石器、それ以降が斜軸。斜軸は４、５万年前まで。ということで私自身が使っている前期は11万ないし12万年前まで、中期は斜軸が消える４、５万年前まで、後期への移行期が４万から３万5000年くらいというのがだいたいの見当です。ヨーロッパの人類による分け方からすれば、日本の前期旧石器はホモ・サピエンスがになっていた可能性もある。確実にホモ・エレクトスがになっていた時代というと30万年前、40万年前くらいですから。

（中略）

馬場

安斎　先ほど言ったように私自身は、中期から後期へ石器的側面ではつながると思っているんです。移行期をはさんで。しかし、大きな段階で見るとやっぱり、後期旧石器と中期旧石器は、中期旧石器は剥片の斜軸尖頭器石器群と呼び、後期は石刃技法が発達するように顔つきはぜんぜん違うんです。その顔つきの違いを、中期旧石器までは在地にいた人間で、後期には西から延々とたどってきた新しい新人。例のイヴ理論で言う、アフリカから出たっていうやつですね。そう考えてもおかしくないんですよ。ただ、人間の生物学的な変化と、その人間がになっていた石器などの文化は１対１に対応しないことが最近の研究で分かってきましたけれど。

（中略）

立花

安斎　作れるかもしれない。先ほどハンドアックスの薄いのを見せましたけれど、ああいう薄いやつを作っているのは、おそらくネアンデルタール人段階くらいだと思います。

立花

安斎　前期旧石器というと、やはり周口店、北京原人を念頭に置くんです。周口店から出ている石器とどれだけ近いのかと。いちばん近いのはやっぱり、加生沢で出た大型石器です。あれが出てきたときには、大陸の大型石器、周口店に限らず中国の北部に出てくる大型の石器と対比してもいいなあと思った。もう１つ、中峯Ｃで出てきたような小型の剥片ですね。ああいう剥片類も出ている。中峯は30数万年前。北京原人は新しいほうが20数万年前で、古いほうは５，60万年前まで行ってますけれど、ちょうど同じくらいの時期かなと思います。周口店よりも古い年代ということになると、もっと北の藍田がありますね。でも藍田では石器がきちんと報告されていないので、対比がなかなかうまくできないんです。

立花

安斎　シベリアで古いといわれているものもありますけれども、信じている人は極めて少ない。シベリアでは前期はほとんど出ていないんです。

立花

安斎　今まで年代が出されてて確実なのは２万年前くらいまでです。

立花

安斎　それより古くまでさかのぼるだろうと思いますけれど、年代の同定の仕方が今は決まっていない。だからさかのぼって２万年くらいまではまあ確かだから後期のいちばん最初も分からないんです。そこに総進不動坂が突然現れた。

立花

安斎　総進不動坂の３年前に出た４点の石器を北海道で見せてもらったんですが、私の考えではあれは斜軸尖頭器の崩れた形で、４万年くらい前かなと思いました。それが10万年くらい前だというんです。それで私の考えと合わなくなってしまった。それをどう説明するかというんで、もしかしたら中期旧石器時代からすでに北海道と本州では地域性がはっきり現れて、斜軸尖頭器に見えるものでも古く出たのかもしれないというようなコメントをしました。でも、このあいだ北海道の火山灰をやっている人と話していたら４万年前くらいでいいだろうというんです。それが何でかしらないけれども10万年前となっている。

（中略）

馬場

安斎　石器のほうからすると、原人（エレクトス）ですとアシューリアンでハンドアックスですよね。それは基本的にインドまでなんです。北回りルートの中にはない。ヨーロッパでも、フランスや西ヨーロッパでは出るんですが、その周辺部、ドイツとか東欧圏というのはハンドアックスを持たない、小型の石器群も出るんです。

（中略）

馬場

安斎　先ほどのサルの問題ですが、狩猟に力点を置いているかどうかという集団の性格によって移動の仕方に違いがあるんです。移動で考えられる例としては、アフリカにおける大型草食獣の季節的な移動がありますね。群れを作る連中の後を追いながら、彼ら自身もその移動に応じて生活をしていたとする。気候変動かなんかがあって、移動動物群がアフリカから西アジアに入りそれを追って入っていくということがありえますよね。その基本にあるのは、サルのように植物食であってその範囲外を基本的に移動しないのではなく、動物群とともに季節的にかなりの距離を動く。移動を日常生活にしていたということです。動物たちがどういう移動形態を取っていたかが、人間の移動形態をかなり規制していたんだと思います。

立花

安斎　日本の旧石器時代は、現在の気温よりかなり低い、このへん（東京）が旭川くらいの気候ですか。そこに置かれたとき、植物で何が利用できるか。動物以外でカロリー源や栄養素を考えたとき、割と少ないんですよね。木の実みたいなのが現在の北海道にもありますけれども、松の実にしたってビールのつまみくらいにしかならない。しかも季節的に限られてくる。縄文時代の植物食というと象徴的なのは石うすとすり石ですね。旧石器時代でも、たとえば狸谷遺跡という後期旧石器の古い段階からも出ている。見せてもらうと、縄文の遺跡と間違うくらいにすり石なんかが大量に出てくる。時期的に考えると、それはいちばん寒いときではないけれど照葉樹林はたぶんなくて、落葉広葉樹林ぐらい。すると、果たして何があったんでしょう。ドングリ類はあったかもしれないですが。もっと寒い、氷河期のいちばん寒い時期ともなると、植物を考えたときになかなか浮かんでこない。

（中略）

馬場

安斎　南アフリカのちょうど中期旧石器くらいの遺跡です。そこではオットセイか何か、海獣も出るんです。かなり海に適応していたようです。それくらいですね。日本の旧石器時代は寒い時期なので、海が退いていて、貝の生息に適している遠浅の海がない。貝類が出てくるのは、縄文の早期末くらいにあります。ちょうど、海進で海が内陸へ深く入ってくる時期です。旧石器時代はヨーロッパでは、内陸性の大きいカワカマス、それからサケなんかも描かれてるんでそれらを取ったのだろうと思われているんです。日本でもそれがなかったということはないと思いますけれど、サケの骨とかが出てくるのが縄文草創期ですね。

立花

安斎　そうだと思います。

（中略）

馬場

安斎　世界を驚かせた遺跡がありますよね。シェーニンゲン。木槍が8本出た。

馬場

安斎　原人段階の37万年位前の遺跡ですけれど、炉がありますし、野生馬の骨が 9 頭分ほど出ている。木槍を使って集中的に馬の狩猟ができた。すごいですよ。私が知っている限りだと、木槍は前期旧石器時代だと2例だけでしたね。

（中略）

立花

安斎　哲学や言語学で考えてきた原型みたいな部分は、生物学に接近しないとなかなか見えてこないですよね。特に進化学の場合、それを知らないとアプローチが難しい。

（中略）

立花

安斎　基本的にそういうような認識を持っているという人は、研究者たちの中には少ないですね。旧石器なり考古学をやっている人たちは、現場が第一って言う。現場に現れるものが、現場を担当した人が一番。どんなに頭で組み合わせていっても、そんなものは幻想にすぎないと、あの人たちは思っていた。ですから鎌田さんなんかは、名前は上げませんでしたけれども基本的には私たちのグループを指しているような言い方で「難しい誰が読んでも分からないような理論をいじってるんじゃなくて、現場の前でひざまずくべきだ」みたいなことを書いていました。自分たちが現場で新しいものを次々と出しているのに、そういうものを使って勝手に言いたい放題行っていると、へりくつをこねている、と。

立花

安斎　という風に、おそらく思っているでしょうね。鎌田さんや梶原さんは論文を書かないで「北回り原人」とかいろんなことを言ってますよね。自分たちが出した成果、しかも注目されて常に新しいデータなんだと本当に思ってたんでしょう。ただそれを検証するための理論とかはやる必要がないと思っている。「ほら新しいデータが出てるだろう」と、自分たちが思い付いたことや掘り出した瞬間の印象を添えて言う。あるいは、これは古そうだとかこれはハンドアックスだとか、検証抜きで組み立てていく。昔、飲んだときに、梶原さんが、かなり泥酔してまして、ふうっと私の目の前に来て「安斎、お前は私たちが提出している問題に答えていない」と叫んだことがあります。そう思っているんですね。彼ら自身は新しいデータで問題を提起した。それは、自分が前に書いていたやつと合わないだろう。私は、南回りでアシューリアンは日本になんか来てないといっている。それに対して、北周りのアシューリアンという新しい仮説を自分たちが出したのに、それに答えていない。沈黙している、と。

（中略）

立花

安斎　まったくないですね。

立花

安斎　日本の考古学をさかのぼるとモースまで行くんですけれど、モース自身は生物学者でした。だから生物学者が日本に考古学を持ってきたわけです。しかも貝塚を発掘してましたから、人骨が出たり、かなり自然科学的な要素が強かった。ところが、モースがいなくなるとともにモースの系統は途絶えてしまうんです。直弟子たちは、動物学や進化論など他の分野に行ったり、早く病死したりして。

（中略）

馬場

安斎　話をちょっとさっきのところに戻すと、モースの後、坪井さんが出ましたけれど、東大の人類学教室というのは先史学を中心にやってましたから、ここを出た考古学者は基本的に縄文が中心なんです。ですから『人類学雑誌』によって立つ１本の流れがあった。もう１つは、後の『考古学雑誌』ですね。『考古学雑誌』によって立つのは基本的に歴史考古学なんです。お寺から、古墳とかまで。２つに分かれて役割分担するとともに勢力争いみたいなものもあった。『考古学雑誌』系は日本の歴史に関係することを、『人類学雑誌』はもう少し人類に関係する先史学、ですから縄文以前というふうに分かれてたんです。考古学を含んで理学部の人類学がありましたが、一方で、京大を皮切りに東洋史の系統の中で作られる。旧石器にしても基本的に大陸考古学ですから、東洋史の人たちと密接な関係を持った。

戦後各地に大学ができますが、そのとき歴史系考古学を出た人たちが各地の大学の歴史学科に講座を開いた。ですから日本の考古学は歴史系考古学、京都大学にしても、主体は弥生や古墳のほうに移ってより古代史に近くなる。日本の考古学は、歴史系の人たちが歴代名をなしてきました。

（中略）

立花

安斎　私は行ってないからなんとも言えません。ただ、最後の穴が出てきて、墓穴かというところで、調査に参加したのに見せてもらえなかったという人はいますね。シャットアウトされる。そういう人が何人かいることは確かです。いちばんいいところは排除されて、見せてもらえなかった。本来みんなオープンにやってるべきところなのに。梶原さんがうちはいちばんオープンだと言ってますけれど、その意味は、ジャーナリストにはみんなオープンだということでしょうか。

立花

安斎　九州で石器かどうか分からないと言われていたやつも、見てみるととてもいい石器群だったりするんです。前期旧石器については、基本的にみんな見る力がないということがよく分かります。もともと前期旧石器は、論文書いている人が５本の指くらいしかいないんですから。そういう中では、柳田さんなんかはかなり優秀ですね。それから岡村さんも。この２人は石器が見られると思います。

立花

安斎　見られないと思います。九州の遺跡を見たときに、鎌田さんは、向こうの人が選んでいたいいやつだけは石器でいいだろうと言った。ところが選ばなかった大量の中に、先ほど言いましたようにとてもいい石器がたくさんあった。梶原さんも失礼ですけれども、「※※の梶原」とみんな言うくらいですから。

立花

安斎　権威というのはあるんですが、戦前の帝大の先生たちの権威と、今の権威は違うと思うんです。芹沢さんにしろ、小林達雄さんにしろ、権威と言われている人を文字通り権威ととっているグループは少ないと思うんです。芹沢さんは日本の旧石器の権威だといっても、芹沢さんを慕って東北大へ行った人の中でさえ、おかしな石器には「あれは石器でない」と言って口をきいてもらえないような人もいる。そのグループじゃない人から言うと、それは「長介石器」って呼ぶんです。芹沢さん以外分からない石器ということでそういう呼び方をするんです。今回の場合で、認めると言ってきた人は、基本的に自分の目で見ていない。芹沢さんだって、年齢もあって現場を離れている。自分が見なれてきた石器とまったく別の石器群ですから、加生沢みたいに石器じゃないと言ってしまうぐらい危ういところも持ってますよね。大手の新聞なんかに、繰り返し繰り返し名前が出てくる人が今の権威ですよね。研究実績を残して、こういうすばらしい論文を書いたというそういう意味ではない。大きなジャーナリズムが繰り返し焦点をあてることで形成されたもので、本当は権威とは呼べないものですよね。

立花

安斎　これは大きいです。不思議なのは、学術論文には引用文献として出ない人たちの名前が新聞には多いですよ。一線を離れて論文を書いていませんから、学術論文にはほとんどと言っていいくらい名前が出ていない人。かつて40歳代くらいまではいい仕事をしたという人が、権威として祭られています。

5.　2001年の「『前期旧石器捏造問題』に関する私見」（『異貌』拾九、2-29頁）の４頁目以下。

コメント

この節の１に再録した「一考古学徒の弁明」は、先に述べたように新聞掲載を意図して短文にまとめたものなので、『異貌』掲載時に補足文を加えた。以下はその「注としての補足文」である。

一、「みじめな学会と文化財」と題した西川宏さんの日本考古学協会三十七年度大会傍聴記（『考古学研究』第九巻第三号）を読むと、日本考古学協会の現況が当時からほとんど前進していないことがよくわかる。例の一九六九年の考古学協会総会の印象記を都出比呂志さんが書いている（『考古学研究』第十六巻第一号）。「日本考古学協会を弾劾す！」「研究者にとって考古学とは」「関考協の旗の下に結集せよ」の三枚のアジビラを手にした都出さんは、「協会粉砕」というスローガンは「大学解体」と同様に正しいスローガンではなく、「大学の改革」「協会の改革」という路線で行われてきたこれまでの運動―実例としては文化財保存運動を挙げている―を担ってきた人々の憤激を買うものとなろう、と記した。同様の立場と視点からの詳しい協会批判は、吉川一郎さんの「日本考古学協会の歴史と当面する課題」（『考古学研究』第十六巻第四号）にみることができる。いわゆる「代々木派」に通じる見解であるが、その後の「左翼批判勢力」の保守化は知る人ぞ知るである。現在、何人の執行部員あるいはどのくらいの数の協会員が「協会の改革」に動いているのかは知らないが、今回の「前期旧石器捏造」問題に対する協会の対応が、「協会の改革」を無視して行いえるのかどうか、私自身は協会員ではないが、見守っていたい。

藤村新一さんがかかわった遺跡を調査・検証する「特別委員会準備会」の委員が選出されたようであるが、問題は、そのように対処した協会側の根拠である。日本の考古学者には協会員もいれば非協会員もいる。そのすべてを代表する「学会としての権威」なのであろうか。そうだとしても、委員の選出基準と選出方法は公開すべきであろう。これまでも協会が乗り出さなければならない、ある意味で今回以上に重要な案件が数々あったはずであるが、今回のような迅速な動き—マスコミに突き動かされてのことだが—は見られなかった。正直に言って、これまで私にとって考古学協会はどうでもいい存在であった。私は考古学の「パラダイム転換」を唱えて、基本的に個人でできる範囲のことは努力してきたつもりである。今回の問題も個人的な対応でよいと判断した。ただし他方で、『考古学ジャーナル』の特集「激動する埋文行政」に一文を寄稿して痛感したことは、この問題の解決には組織的な努力、つまり例えば考古学協会による取り組みが必要であろうということであった。同様に、私が主張する「新しい考古学」(理論考古学)のパラダイム化、つまり大学教育での「新しい考古学」のカリキュラム化にも組織的な努力、つまり例えば考古学協会による取り組みがあれば、状況は前進するであろうとも思っている。考古学協会の運営・役割の現状がどうなっているのか、まったくわかっていないのだが、伝聞による協会のイメージからは、協会員となって教会内で働きかける、という気にはまったくならない組織である、と受け止めている。研究者にとっての学会とはどういうものなのであろうか。

今回上記の委員となられた方々には、自発的に名乗りをあげた方にも、そうではなく学問・研究の正常化または正義の名目のもとに「駆り出された」方にも、藤村さんがかかわった遺跡の諾否のみを検討の対象とするのではなく、「前期・中期旧石器」に対するこれまでの自分自身のかかわり方をも再検討してもらいたい。

二、「東北旧石器文化を語る会」で会うくらいで、横山祐平さんを除いて親しくつき合う機会もなかったので、鎌田俊昭さんらとの関係が悪化していたことはずっと意識していなかった。ある年の「東北旧石器文化を語る会」の懇親会では、同じテーブルでワインを飲みながら談笑したことを覚えている。その後の一年間に彼らに何かが起こったようである。「東北旧石器文化を語る会」会場の通路ですれ違ったので、声をかけて挨拶をしようとしたところ、鎌田さんは振り向きもせず無視して通り過ぎていった。そして次の年である。発掘調査の見学から帰ってきた鈴木美保さんから、鎌田さんが安斎らには見せない、と言っていたと聞いた。以後、彼らのかかわった発掘と出土石器は直接的には見ていないし、前期旧石器に関する論文も書いていない。鎌田さんが、「仲間内でこ難しい理論をこねくり回しているお前たちは、私たちが発掘した事実の前にひざまずくべきだ」、といった内容の文章を何かに書いていたが、彼の敵意はそこら辺りにあるのであろう。

梶原洋さんも「世界最古の象徴—上高森遺跡の埋納遺構—」(『前期旧石器フォーラム—秩父原人その時代と生活—』) 中で、「この埋納遺構の意味については、鎌田により、円形に囲む女性器とその中心に位置する男性器であるとする仮説が提示されているが、他にも現在の時点では証明不可能な様々な仮説を提示することが可能である。例えば①太陽の表徴。②軸線と方向が日の出もしくは日の入り方向を示す (季節的儀礼)。③儀礼的な埋葬行為 (宇田川　一九九九)。なども提示できる」、といったとんでもない文章を平気で書いている。その種のものは単なる「思いつき」にすぎないものであって、仮説とかモデルと私たちが呼んでいるものとは似ても似つかないのである (「理論考古学」『用語解説　現代考古学の方法と理論 I』参照)。

同様に方法も理論もなく、先行研究も無視してとんでもない文章を書く人に、彼らの仲間の佐川正敏さんがいる。文部科学省研究費補助金特定領域研究などの考古学メンバーの常連のようであるが、その研究成果として発表されるものなど、最近は読む気も起きなかった（この点は億の単位の研究費をつぎ込んでいるのであるから、総括責任者・研究責任者の責任もいつか問われることになろう）。佐川さんの「仮説」の用法も梶原さんと変わりがない。佐川さんの「第６章旧石器考古学の新視点」（『はじめて出会う日本考古学』）を読んでみた。今となっては前期・中期旧石器時代の記述も「ご愛嬌」で済ましてしまってもかまわないが、「長者久保・神子柴文化」の記述と図版のでたらめさは、私自身がこの課題で研究中でもあり、黙って見過ごすわけにもいくまい。

今回の問題の遠因をたどれば芹沢長介さんにたどり着く。東北大学出身者とその周辺の人たちは多かれ少なかれ「旧石器研究の第一人者」としての芹沢さんの権威あるいは威光を背負ってきたからである。山内清男・佐藤達夫両先生の学統に連なることを自認していた学生時代の私も、両先生の論敵と目されていた芹沢さんの著作・論文は余さずに読んで、大いに勉強したものである。しかし、岩波新書の『日本旧石器時代』を読んだ時、当時の他の研究者の新しい研究成果をほとんど無視して、自己中心の記述だったので、芹沢さんも終わったな、という感慨を抱いた。以来、芹沢さんの研究とは無縁である。今回芹沢さんの弁明をいくつか見聞した。「弁明」といったニュアンスで書いていたのは毎日新聞だけであったが、『中央公論』の弁明は、内容もさることながら、中国人研究者の手紙という老獪なやり方が、少なくとも私の周辺では極めて評判が悪い。芹沢さんも地に落ちた偶像といったところであろうか。

三、芹沢さんの愛弟子だったのが岡村道雄さんである。座散乱木遺跡以降の新しい石器群に視座を置いて、星野遺跡などの珪岩製石器類を批判したことで、芹沢さんの逆鱗に触れたことはいまさら言うまでもあるまい。その岡村さんの『縄文の生活誌』も講談社から著者の謹呈本として送られてきた。岡村さんとはその程度の親しい間柄である。しかし、失礼ながらパラパラめくる程度でほとんど読んでいない。この本の場合は特に参考文献に挙げられている文献が偏り過ぎていることも読む気をなくした一因であった。近年の著作は内容が似たり寄ったりで、全国の発掘現場から届く最新の情報と、通常一般の研究者が利用できない貴重な遺跡・遺物の写真（ショット）だけが取り柄、といっては酷であろうか。しかし、報告書が出ていないにもかかわらず、資料を自由自在に使うことができるのは、「行政調査」のトップにいる役人の役得である。現場サイドの「行政内研究者」は岡村さんの申し出を断れないだろうし、表立って批判もできないであろう。その点を自覚してほしい。文化庁に入る前と後の岡村さんは、極端に言えば同一人とは思えないほどの変わりようである。私にはそのように映っている。

未報告資料の言及に関しては、佐原眞さん、春成秀爾さんの『出雲の銅鐸』（NHK ブックス）の出版の際にも、「知的先取権」にかかわる問題が派生したと聞いたことがある。佐原さんの藤村さんとのかかわりに関する弁明を読んだ時、そんなことが念頭に浮かんだ。三内丸山遺跡の場合は発掘調査を担当する岡田康博さんが中心的役割を果たしているので、「知的先取権」には引っかからないかもしれないが、調査担当者あるいは「行政内研究者」だからといって何を言って（やって）もいいわけではないだろう。「行政内研究者」の道義感・倫理観の面でも、「アカデミズム」と同様に考古学的環境の汚染はかなり進んでいるように思われる。

小学六年生の娘が使っていた東京書籍の『新訂　新しい社会　６上』に掲載されている縄紋時代の集落「三内丸山遺跡をもとにした想像図」

中には、一棟の大型竪穴建物、十棟の高床建物、六九棟の竪穴住居が描き込まれている。他方、次頁の「米づくりが始められたころの様子（想像図）」の集落は一転して、高床倉庫が一棟と竪穴住居が九棟で構成される小村である。先生は子供たちに縄紋時代の集落と弥生時代の集落のこうした落差をどう説明すればいいのであろうか。そもそもこの種の想像図の根拠となった三内丸山遺跡に関する考古学的情報を混乱させている大本、誇大広告を撒き散らかしている「専門家」たちの体質は、藤村・鎌田・梶原の三氏とどこが違うというのであろうか。

四、そもそも近代的学問としての考古学が出現した背景には、民族文化・国民国家の形成があった。わが国においても、草創期の考古学・人類学の研究主題は「先住民と固有日本人」の問題であった。敗戦後の数年間を除いて、国・行政と考古学徒の緊張関係は次第に喪失していき、大学闘争での回復化にも失敗して、文部省・文化庁に対して隷属を余儀なくされた。国際化が言われる今日においても、文部科学省科学研究費補助金特定領域研究のテーマは「日本人および日本文化の起源に関する学際的研究」なのである。東北旧石器文化研究所は民間団体であるが、上高森遺跡の国指定史跡化を目指すとなると、当然に文化庁に配慮しなければならなくなるし、実際そのための策動をいろいろ試みなければならなかったようである。

学問・研究と国・行政との間の矛盾を明示しているのが「行政内研究者」という言葉であろう。研究者は「真理」の前では平等であることを前提にしている。他方、行政者は上位下達が通例である。県のため、市町村のためを名目とする考古学の成果の利用法と、研究者としての矜持とが調和する理想的形態が探られているのであろうか。考古学研究における空間分析の規模は多層的であることが望ましいのであって、例えば、遺跡内の遺物集中地点の分析、遺跡内の遺物集中地点間の分析、遺跡と周辺空間の分析、遺跡間の分析、特定器種の分布範囲の分析、特定石材の分布範囲の分析、環日本海地域の分析など、伸縮自在に相互に関連して行われる必要がある。だが、往々にして、「行政内研究者」の空間認識は現在の行政区画―「鹿児島考古」、「神奈川考古」、「北海道考古学」など―に縛られている。今回の問題においても、関係者の多くが在住する宮城県がクローズアップされてくると、それではうちでもと意気ごんだ埼玉県の場合、県知事が烈火のごとく怒りを露にする結果となったわけである。関連町村の長たちが大いに落胆してみせた映像とは対照的に、地元の商店街や土産物屋の店主たちが見せた表情や話し振りはあっけらかんとしていた。そこら当たりに行政主導の「地域起こし」の限界がみえてくる。

五、現代社会においてはマスコミの影響力は計り知れない。考古学ブームを招来させ、藤村さんを考古学会のスーパースターに祭り上げたのがマスコミであるとすれば、藤村さんの正体を暴き、考古学界を震撼させたのもマスコミである。その背景には『文化財発掘出土情報』誌に象徴されるような「行政調査」とマスコミの持たれ合い関係がある。しかしそこに見られるのはマスコミの優位、圧倒的な力である。以前、白井久美子さんから聞いた話であるが、現地説明会の当日にその処遇に不満を抱いた新聞記者から、「お前たちを有名にできるのは俺たちだ」といった意味のことを言われたそうである。私の少ない見聞から推しても、有名考古学者に対する態度と無名の調査員に対する態度の使い分けが窺われる。有名といっても、コメンテイターとしていつも名前が出るのは、メディア側の期待にそうような話をしてくれるからだ、とも新聞記者から聞いたことがある。

今回の問題でもマスコミの力をいやと言うほど見せつけられたが、その「絶対者」の反省や自粛の弁は聞かれない。それにもかかわらず、考古学の側はまたしてもマスコミにすり寄っていくのである。日本教育会館での「シンポジウム・前期旧石器を考える」が毎日新聞社を後援者として開かれたことには、多少の違和感を覚えた。そして、大分県聖嶽洞穴が第二の捏造問題としてまず『週刊文春』にリークされ、さらにその後、朝日新聞に報道されたことには不快感を覚えた。「前期旧石器捏造問題」のある意味では当事者でもある朝日新聞が、「聖嶽洞穴問題」の糾弾者の役割を果たそうとしていることには、腹立たしさを覚えた。今回の獲物としてのターゲットは私の最も親しい友人の一人、橘昌信さんである。橘さんを知る人は誰でも朝日新聞の記事に納得すまい。状況証拠からの推測に過ぎないが、もしもこの件に聖嶽洞穴調査団の副団長を務めた春成秀爾さんが絡んでいるのだとすれば、告発は調査報告の形で行うのが筋であろう。

六、私自身は学部学生の時から故佐藤達夫先生が関係された大分県丹生遺跡の石器群などに強い関心を持ってきた。京王線沿線の丘陵地などに「前期旧石器」を探しに出かけられる先生に何度かお供をしたことを覚えている。一時西アジアを専門にしていた時も、「アシュール系ハンドアックス石器群のアジアにおける展開」(『岡山市オリエント美術館研究紀要』三号)や「西アジア先史考古学上の過渡期の問題―I前期旧石器時代から中期旧石器時代―」(『考古学雑誌』第七〇巻第二号)などの論文を発表しながら、主として伝播系統論的視点からではあったが、日本列島の当該期への目配りだけは欠かさずにきたのである。

そこで、宮城県座散乱木遺跡の調査成果が公表された時は、待ってましたとばかりに、主に岡村道雄さんを通じて、発掘現場や出土石器の見学を繰り返した。故渡辺仁先生が発掘調査されたイスラエル・アムッド洞穴出土の石器群―当時は「ルバロワゾ・ムステリアン」と呼んでいた―と、レバノン・ケウエ洞穴出土の石器群―当時は「ミクロ・ムステリアン」ではないかと考えていた—を整理していたので、座散乱木遺跡の出土物を「中期旧石器」と認識するのに困難はなかった。ケウエの石器群はすべてが小さく、技術形態的にも変則的で、フランソワ・ボルドのテキストと首っ引きでも理解が困難な代物だったので、その分析で培った「目」が役に立った。岡村さんと話してみて、見解の相違が多々あることに気づいたが、調査報告書あるいは調査者たちの論文が出るまで沈黙を守った。

私自身の最初の言及は「一九八五年の歴史学界、考古一」中での前・中期旧石器の回顧と展望で、「後者は技術的には確かに高度とはいえないまでも、ある程度の規格性が進んでおり、剥片剥離法にパターン化が見られると同時に、得られる剥片にも定形化の徴候もあり、これを素材として〈斜軸尖頭器〉を作出していて、類ムステリアン剥片インダストリーといえないこともない」(『史学雑誌』九五編五号)と性格付けたのであった。本格的な言及は一九八八年の「斜軸尖頭器石器群からナイフ形石器群への移行—前・中期／後期旧石器時代過渡期の研究—」(『先史考古学研究』第一号)においてであった。そこでは、芹沢長介、岡村道雄、鎌田俊昭、小林達雄、小田静夫—小田さんについては後で述べる—といった関係者の皆さんの方法論的誤謬を批判する一方で、岡村さん、鎌田さんの先行研究を踏まえて、「中期旧石器時代＝斜軸尖頭器石器群論」を展開した。ついで一九九一年の「斜軸尖頭器石器群の進展—日本旧石器時代構造変動論(一)—」(『先史考古学論集』第一集)でさらに論を進め、芹沢さんが『日本旧石器時代』(岩波新書)のあとがきで、「ヨーロッパのような前・中・後の三期区分が日本で適用されるようになるためには、なお多くの年月が必要とされるだろう」と記したために、関係者が使用を躊躇?していた用語を採用して、「列島内での特殊進化を含意する場合には、〈小形剥片石器群(文化)〉・〈斜軸尖頭器石器群(文化)〉・

〈ナイフ形石器群（文化）〉を、大陸との対比を念頭に置いた一般進化を含意する場合には、前期旧石器時代（段階）・中期旧石器時代（段階）・後期旧石器時代（段階）を使うことにした」。またそこで、丹生遺跡、栃木県星野遺跡、愛知県加生沢遺跡についても私見も合わせて述べている。関心のある向きは参照されたい（いずれも拙著『理論考古学』中で再論している）。これらは私自身の「知的先取権」であるが、今回の事件に関しては、批判される側も批判する側も誰も言及していない。私自身の見解や言及を批判するものもなく、完全に無視され、蚊帳の外に置かれた格好である。国内・国外の「前期・中期旧石器」に関して最も多くの論考を発表してきたものの一人でありながら、その見解を無視され続けたものからみると、「目くそ鼻くそを笑う」の感を覚えてしまうのである。ちなみに、門外漢の立花隆さんが『理論考古学』を読んで私を指名したそうである。

その『理論考古学』では「相沢忠洋と藤村新一」や「宮城県高森遺跡」の項目を書き加えてある。やはり熟考せずに書き加えた部分が今回の問題に抵触してしまった。今後の研究姿勢への反省として、肝に銘じておく。なお、私の問題部分については立花さんらとの鼎談で詳しく話してある。

七、高知県ナシケ森遺跡は楔形石器を多数出した珪質頁岩の原産地遺跡である。群馬大学で開かれた日本考古学協会大会の会場で出会った戸田正勝さんから、角張淳一さんが古そうな石器類を持って来ていると聞いて、路上で山田晃弘さんら何人かと見せてもらった石器類がナシケ森のものであった。角張さんは「前期旧石器」というふれこみであったが、厚手の両面体石器の折れた先端部や石核と剥片類の特徴から、私は斜軸尖頭器石器群の新しい段階のものかもしれないと判断した。早速、高知に飛び、残余の出土品を見せてもらい、発掘中の遺跡にも足を運んだが、確証は得られなかった。その後の火山灰（AT）分析の結果も思わしくなかった。

竹岡俊樹さんと角張さんが「前期旧石器」であると公言している山形県富山遺跡の石器類を私も見ていたのであるが、彼らの発言までほとんど忘れかけていた。記憶が曖昧ではっきりしないが、事情はこうである。多分縄紋時代の水場遺跡を見学にいった際であった。挨拶に寄ったセンターで佐々木洋治さん？に促されてのことだったと思うが、倉庫の広い床一面に広げられていた平箱いっぱいの無数の石器類を、薄暗い中で三〇分くらい見たように覚えている。ざっと見ただけであるが、調査担当者の説明からも古い石器との感触は得られず、縄紋時代の石器製作址であろうと思ったことを思い出したのである。報告書（『富山遺跡発掘調査報告書』）の助言・協力者の欄に私の名前が挙げられているのは、そのような経緯があったからである。いずれゆっくり見る必要があるが、当面は阿部祥人さんが『山形考古』で批判していることで、竹岡さんらの役割も終わったなと思う。

八、宮城県中峯Ｃ遺跡の場合も、「現地説明会を見学していた藤村新一氏がＣ遺跡で旧石器を採取されたのがきっかけ」（『中峯遺跡発掘調査報告書』）である。この事実から中峯Ｃ遺跡の旧石器をすべて否定する態度を一方の極とすれば、調査自体は県教育委員会が実行していて藤村さんは局外者であったことからすべてを肯定する態度が他方の極に来る。この両極の間に多様ない態度があり得る。しかし、Ⅱb層出土石器群（後期旧石器時代終末）、Ⅱc層出土石器群（後期旧石器時代後半期）、Ⅲ層出土石器群（中期旧石器時代終末）、Ⅳ層出土石器群（中期旧石器時代後半）、Ⅶ層出土石器群（前期旧石器時代）が報告されており、そのいずれが汚染されているかを具体的に指摘するのは困難であろう。Ⅶ層出土石器群（前期旧石器時代）は石器が106点と加工のない礫４点で構成され、7ヵ所の集中地点に識別されて出土した。私自身はたとえ汚染物を含んでいたとしてもこの石器群は成立するという立場である（前期旧石器＝小型石器石器群）。主体となる小型石器は器種名の付与が困難な程に不定形であるが、その中の「鋭いエッジをもつ石器」が中期旧石器時代の「素刃石器」の祖型であろう、という「先適応論」を書いたことがある。

この「前期旧石器＝小型石器石器群」観の難点は愛知県加生沢遺跡の大型石器類の存在である。この難点の解決案は、①中峯C遺跡の石器群と加生沢遺跡の石器群は時期をことにするか系統を異にしているか、あるいは遺跡の機能的な差の反映である、②どちらかの石器群が成立しない、③どちらの石器群も成立しない、この三案の中にある。私は言うまでもなく①の立場を取り続けてきた。

一九六八年に出された加生沢遺跡の報告書に対する小野昭さんの書評（『考古学研究』第十六巻第一号）は正論であると思う。しかし私は石器類を実際に手に取ってみた時の実感に信を置いた。この場合、正論が加生沢遺跡の可能性を考古学者の共通認識から抹消する働きをしたのに対し、実感はその可能性を伏流として延命させてきた。今回の場合は逆に正論が伏流化して、実感が捏造を隠蔽する働きをしてしまったと思うと、残念でならない。

小田さんとキーリさんが一九八六年の『人類学雑誌』で「前期旧石器」を批判していたことを持ち出しているが、先に言及した一九八八年の拙論で、「小田静夫は、座散乱木遺跡12，13層上面や馬場壇A遺跡10層上面の石器群が、南関東の第Ⅰ文化期の石器群に型式学的に類似していることを見抜きながら、前者を引き下ろしてまで、両者を同時期に置こうとする誤謬を犯してしまうのである（Oda and Keally 1986）」と、私は彼らを批判した。この視点は今も変わっていない（田村隆さんも最近の「重層的二項性と交差変換」(『先史考古学論集』第十集）で私の案を修正した上で、そうした視点を補強している)。ところが驚いたことに、私や佐藤宏之さんの当該期に関するこの間の新しい仮説など存在しないかのように、「日本の旧石器と前期旧石器問題」(『シンポジウム・前期旧石器問題を考える』)で、小田さんは旧態依然の「旧石器文化」観を展開しているのである。さらに聞くところでは、前記の諸遺跡の石器類を人類学事典で前期旧石器として小田さんが解説しているということである。今回の批判者側にはこの種の不勉強、豹変が顕著に見られることも、私が彼らに同調できない一因である。

以上､他人はさておき､私自身の主体的見解を表明した。かつての「全共闘運動」の遺産、すなわち事にあたっての私の行動指針は次の三ヶ条である。

一、口を合わせない。

二、足並みをそろえない。

三、個人主義に徹する。

後記

熊本県人吉市の大野遺跡、鹿児島県の桐木遺跡、宮崎県の東九州道工事関連の諸遺跡出土の石器類をみた後で、別府大学において後牟田遺跡の調査報告書作成に備える打ち合わせを行うために、一週間の予定で九州へ行ってきた。

橘昌信さんとの事前の話では、賀川光夫さんと会食の場を設定してもらうことになっていた。出発の前日、賀川さんの訃報に接した。「讒言・メディア」に対する抗議の自死であった。

拙論「アシュール系ハンドアックス石器群のアジアにおける展開」(1983）の別刷りを、「前期旧石器」にかかわっていた先達たちに献呈した際に、当時、日本考古学界に存在感のなかった筆者に対して、身にあまる好評を便せん五枚にびっしり書き送ってくれたのが賀川さんであった。その後、『黄土地帯紀行』（六興出版）と「東アジアの前期旧石器文化」（岡崎敬先生退官記念論集『東アジアの考古と歴史』）で二度この拙論を取り上げていただいた。

拙著と論文を献呈するたびごとに、俳画風の自筆画を添えて暖かい読後感をいただいていたが、直接お目にかかったのは二度に過ぎない。再度別府大学の博物館を訪れた時に館長室にご挨拶に伺った時が一度目で、二度目は、洞穴遺跡に関する麻生優さんの研究に関するシンポジウムが千葉大学で開催されたおりであった。その際の懇親会でマイクを握られた賀川さんの口から、「私は安斎考古学のファンです」という言葉が漏れた時の私の驚きと喜びは想像していただけるであろう。

最近は、賀川さんから送られてくる「縄文中期農耕論」（別府大学史学研究会『史学論叢』）を楽しみにしていたが、渡辺仁先生を亡くして後の、先達中のほとんど唯一といってもいい理解者をこのような形で失ったことは、痛恨の極みである。別府大学での追悼会の当日、橘さんの手引きでご自宅で遺影を拝することができたのがせめてもの慰みであった。

6.　2001年の「旧石器時代研究とアマチュアリズム」（『ORIENTE』23号、20-23頁）からの抜粋。

コメント

池袋の古代オリエント博物館の堀晄氏から、新しい試みの「クローズアップ展示」の協力を依頼され、捏造問題の話題から欠落していた加生沢遺跡と星野遺跡の石器に照明を当てることにした。紅村弘氏と斉藤恒民氏から石器類を借用し、武蔵野台地の古い石器類とともに「日本の旧石器」と題して2001年の5月12日から7月1日まで展示した。その初日に行った友の会講演の記録である。

はじめに

今回の前期旧石器遺跡捏造問題で渦中の人となった藤村新一さんが、1980年に発見した宮城県座散乱木遺跡の第三次発掘調査の結果（石器文化談話会編 1983『座散乱木遺跡発掘調査報告書Ⅲ』）、1960年代以降続いていたいわゆる「前期旧石器存否論争」に決着がついたとされました。その後の藤村さんの華々しい活躍は周知のことでしょう。その藤村さんがいつのころからか自らの手で石器を埋めて、その石器を掘り出すという背信行為を行っていたのです。

「それみたことか。だからアマチュアはだめなのだ」、そうした世論が形成されることを恐れます。

（下略）

相沢忠洋さん

こうしたアマチュア研究者のなかでもっとも有名なのは相沢忠洋さんでしょう。戦前は、日本列島に人間が登場したのは縄紋時代であって、それ以前には、火山起源の厚いローム（赤土）層の堆積から推測されるように、激しい火山活動のために列島には人が住めなかったというのが、専門の考古学者を含めて人々の常識でした。その常識を打ち破ったのが相沢さんによるローム層からの石器の発見（1946）だったのです。この発見が1949年の明治大学考古学研究室による群馬県岩宿遺跡の発掘調査につながったわけです。アマチュア研究者としての相沢さんのその前後の苦闘は、彼のいくつかの著作を通じて、世に広く知られています。彼の死後、弟子である同じくアマチュア研究者の関矢晃さんによってその業績がまとめられました（相沢忠洋・関矢　晃 1988『赤城山麓の旧石器』講談社）。そこには、夏井戸遺跡・磯遺跡（前期旧石器時代）、不二山遺跡・山寺山遺跡・権現山遺跡・桐原遺跡（中期旧石器時代）、岩宿遺跡・清水山遺跡・三ツ屋遺跡・元宿遺跡・桝形遺跡（後期旧石器時代）、石山遺跡・西鹿田遺跡（縄紋時代草創期）など、相沢さんが発見し調査した遺跡の石器が、写真と実測図つきで紹介されています。石器の真偽については、各人が自分の目で確かめる必要があるでしょう。私自身はこれまで不二山遺跡・権現山遺跡・桐原遺跡・岩宿遺跡・桝形遺跡の石器について何度か言及しています。不二山遺跡・権現山遺跡の石器類は「前期旧石器」という視点から紹介されてきましたが、「斜軸尖頭器石器群」という視点からの見直しが必要でしょう。

大分県丹生遺跡と早水台遺跡

岩宿遺跡の発掘調査によって後期旧石器時代の存在は確証されましたが、それ以前の石器の存否をめぐっては、主として1960年代に見つかった遺跡の石器を対象に、先に言及しました「前期旧石器存否論争」が起こりました。

当時共同通信社の記者であった中村俊一さんと大分大学助教授であった富来隆さんによって発見（1962）され、学界に紹介された大分県丹生遺跡の調査に関しては、二つのグループによる先陣争いのようなことがあ

（左から）**権現山遺跡の斧形石器、丹生遺跡のチョッパー、早水台遺跡の尖頭礫器**

りましたが、結果的には古代学協会が発掘調査をして、報告書を出しました。アフリカや東南アジアの前期旧石器といわれていた石器類を念頭においての石器同定が行われました。私の師である佐藤達夫先生が他方のグループに参加して研究テーマのひとつにしていたこともあって、私も学生のころから遺跡に何度も足を運び、各地に所蔵されている石器類を何度も見てきましたが、後期旧石器時代の各時期の石器が混じっていることがわかりましたが、とうとう前期旧石器であるという確信は得られませんでした。その間、富来宅にうかがった折、「石器を見に来たのは金関丈夫先生以来、あなたたちが初めてです」と聞いて、驚いたことを覚えています。その後、鈴木忠司さんによって再整理が行われ、立派な報告書（古代学協会 1992『大分県丹生遺跡の研究』）にまとめられました。局部磨製石斧の存在から、後期旧石器時代の開始期までさかのぼりそうです。

大分県早水台遺跡は佐藤暁さんの予備的調査（1951）によって世に知られ、5回の発掘調査（1953〜1964：1〜5次調査）が行われました。あとで触れます栃木県星野遺跡とともに、東北大学名誉教授である芹沢長介さんの「前期旧石器」論の根拠となっている石器類が出ています。当時の石器解釈のパラダイムであったヨーロッパ旧石器との比較（ハンドアックス・ルヴァロワ型石核など）が行われましたが、東北アジアの旧石器時代という視点からの見直しが必要だと思っています。今年

（左から）**加生沢遺跡の石核と剥片、同じく尖頭礫石器**

(2001) 再確認のための調査が行われました。今回の捏造問題に巻き込まれたために、その長年の努力が水泡に帰するのではと危惧される東北大学教授の柳田俊雄さんが発掘にたずさわりました。柳田さんの話によりますと、結果は良好であったようですので、報告書が楽しみです。

紅村弘さんと斉藤恒民さん

昨年末に、古代オリエント博物館の堀晄さんから企画展についての相談を受けました。「前期旧石器」の存否について一般の人にわかりやすい展示をしたいということでした。限られたスペースでしたので、愛知県加生沢遺跡と栃木県星野遺跡の石器類を推薦しました。

加生沢遺跡は1965年に用水路建設の工事中に見つかったもので、在野の研究者である紅村弘さんが緊急調査を行って石器類を回収しました。報告書（1968『愛知県加生沢旧石器時代遺跡』）や写真集（1989『加生沢遺跡石器写真集』）を自費出版し、地域の同人雑誌や献呈論文集などにたびたび論考を投稿して、石器類が中国の周口店遺跡や韓国の全谷里遺跡の石器類と比較できることを主張してきましたが、学界からは完全に無視されてきました。今回は石器研究者なら誰が見ても石器であることは否定できないものを選んでみました。私は紅村さんの前期旧石器説に賛同しますが、石器群の性格については自分の目で確認した研究者が、今後討議を重ねていけばいいでしょう。

星野遺跡は斉藤恒民さんが発見して以来、5回にわたって発掘調査が

（左から）**星野遺跡のルヴァロワ型石核に似た石器、**
同じく片面加工の大型石器（左）**と礫石器と石核**

行われました（1956〜1978：1 〜 5 次調査）。第四次、五次調査の分は芹沢さんが報告書出版に向け整理中ですので、将来に検討すればいいことです。税務署長を勤められました斉藤さんが退職金をなげうって建設した博物館に展示中のものから、同じく誰が見ても石器であるものを選びました。崖のような急斜面を転げ落ちるときに相互にぶつかり合ったため、一見石器のように見える自然石である、という評価が一般的で、これも学界からはほとんど無視されてきたものです。確かに斉藤さんの収集品の大部分はその種の自然石と思われます。しかしだから遺跡ではないというのではないのです。実際は、この地はチャートで構成された山地で、石器時代の人々が石器の素材（チャート）を調達に来た、私たちの言葉で今日「原産地遺跡」と呼ぶたぐいの場所であるという視点をとると、すぐにも理解できる遺跡なのです。石器の特徴から、中期旧石器時代の「斜軸尖頭器石器群」があることは確かだと思っています。

今回、石器を借り出すために、十数年ぶりに紅村さんと斉藤さんのお二人にお会いしました。昨年末以来の考古学界の対応が対応だけに、この数十年間のお二人の姿勢には何者にも換えがたい感動がありました。揺るぎのないものは、私にとって「アカデミズム考古学」ではなく、それに拮抗するアマチュアリズムの不動の存在でした。この経験は、後々まで私の中に強い印象を残していくでしょう。

7.　2002年の「中期／後期旧石器時代移行期について」（『後牟田遺跡』396-408頁）からの抜粋。

コメント

友人の橘昌信さんと佐藤宏之さんが中心になって発掘調査した宮崎県後牟田遺跡の報告書中に掲載された一文で、1988年の拙論の改定・要約という性格の論考である。

3　1988年の問題提示

ところで、進化論的視点から中期／後期旧石器時代移行期に関する問題設定を行った1988年の論考では、私は、①西アジア・レヴァント地方、②フランス南西部ペリゴール地方、③中部ヨーロッパ・環カルパチア山地、④日本列島、以上４つの地域の石器群を概観して、その表現形態が時空間的に多様であったことを明示した（安斎 1988）。

（前略）④の地域、つまり日本列島では、馬場壇Ａ遺跡、座散乱木遺跡、安沢Ａ遺跡の石器群が「前期旧石器時代遺跡捏造問題」との関連で２級資料に堕してしまっている。

（中略）

5　日本列島

1）　中期旧石器時代から移行期へ

1988年の拙稿の「前期旧石器」研究に対する批判と展望の部分（pp. 18-19）は現在も有効である。むしろ、「前期旧石器時代遺跡捏造問題」を契機として、そこから再出発すべきことが明らかになったといえよう。また、中期旧石器時代の斜軸尖頭器石器群についての概観部分（pp. 19-21）も基本的に今日においても妥当であると考える。馬場壇Ａ遺跡、座散乱木遺跡、それと安沢Ａ遺跡の記述部分は保留とする。それらに替わって、ここでは相沢忠洋が回収した不二山遺跡、権現山遺跡第1地点と第2地点の石器（相沢・関矢 1988）を使って、中期旧石器時代の（斜軸尖頭器）石器群とそれに続く移行期石器群との一般的器種組成、および石器の個別的特徴を再確認しておきたい（第225-226図）。

不二山遺跡の石器類は湯の口軽石層（UP：約5万年前）の下の層から抜き取られている。権現山1遺跡の石器類は湯の口軽石層と八崎軽石層（HP：約4～3.5万年前）との間の層から、また権現山2遺跡の石器は八崎軽石層と黒色帯との間の層から抜き取られている。出土層位からいっても、前2者は中期旧石器時代、後者は移行期に相当する。第225図の1, 3, 4, 8-12は斜軸尖頭形を含む剥片とそれを素材とした削器（芹沢長介の定義によれば、1と8が斜軸尖頭器）である。ここでは採集されていないが、「素刃石器」の一群が伴うはずである。第225図の2,5（山寺山遺跡出土例）、6は両面体の大型石器である。栃木県星野遺跡の新資料（安斎 2000の図10左）との類似から、2は片面加工の大型石器としてもよい。6はミコキアンの洋梨形ハンドアックスに対比されたこともあるが、私は「石斧形石器」の範疇に入れている。7もハンドアックスとされていたが、佐藤達夫が「反転横打剥片石核」であるとした（佐藤 1976）。今に生きる卓見であって、私もこれを「板状（連続）横打石核」と概念化して、第226図の7や9を経て、この剥離技術が後期旧石器時代に受け継がれ、最終的に米ヶ森技法に至ったという見解を表明している（安斎 1991の図②参照）。以上の3点の石器は90°回転した位置で図を見ると理解し易い。第226図の3, 6, 8は「基部加工尖頭形剥片」である。6と8の石器も180°回転した位置で図を見ると理解し易い。剥片は斜軸尖頭形ではなく、縦長の二等辺三角形化している。この時期を最もよく特徴づけている石器であって、長野県石子原遺跡や東京都中山谷遺跡にもある。後期旧石器時代に入って石刃技法が登場すると、石刃

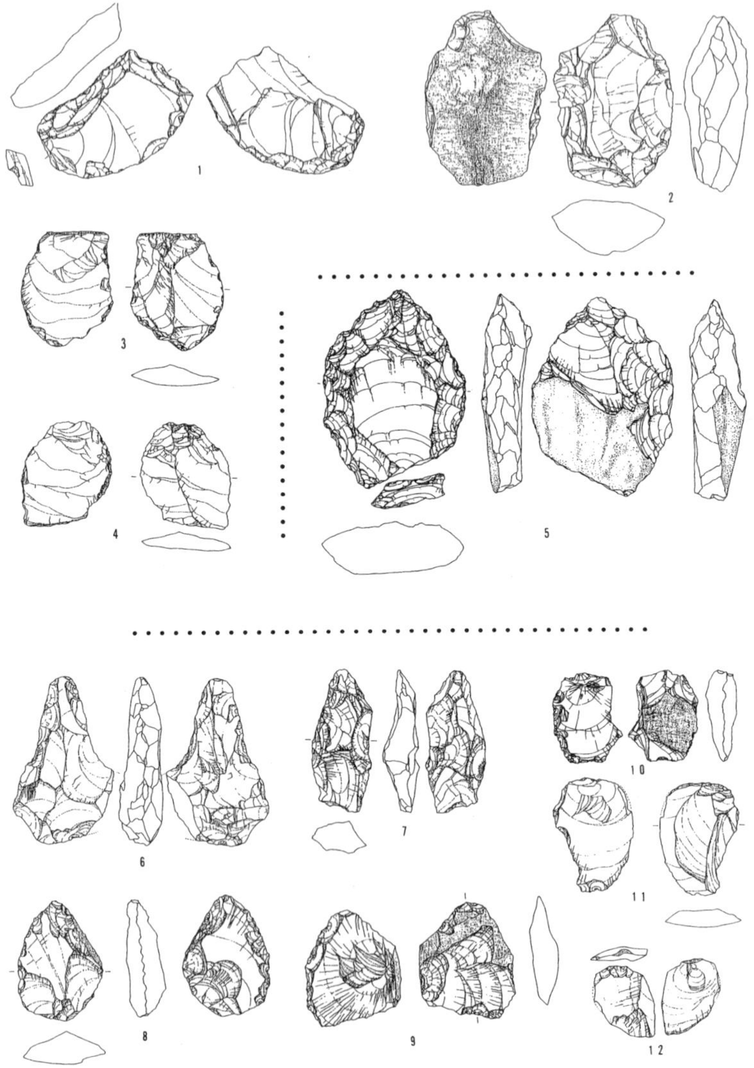

第225図　中期旧石器時代斜軸尖頭器群（相沢・関矢1988による）

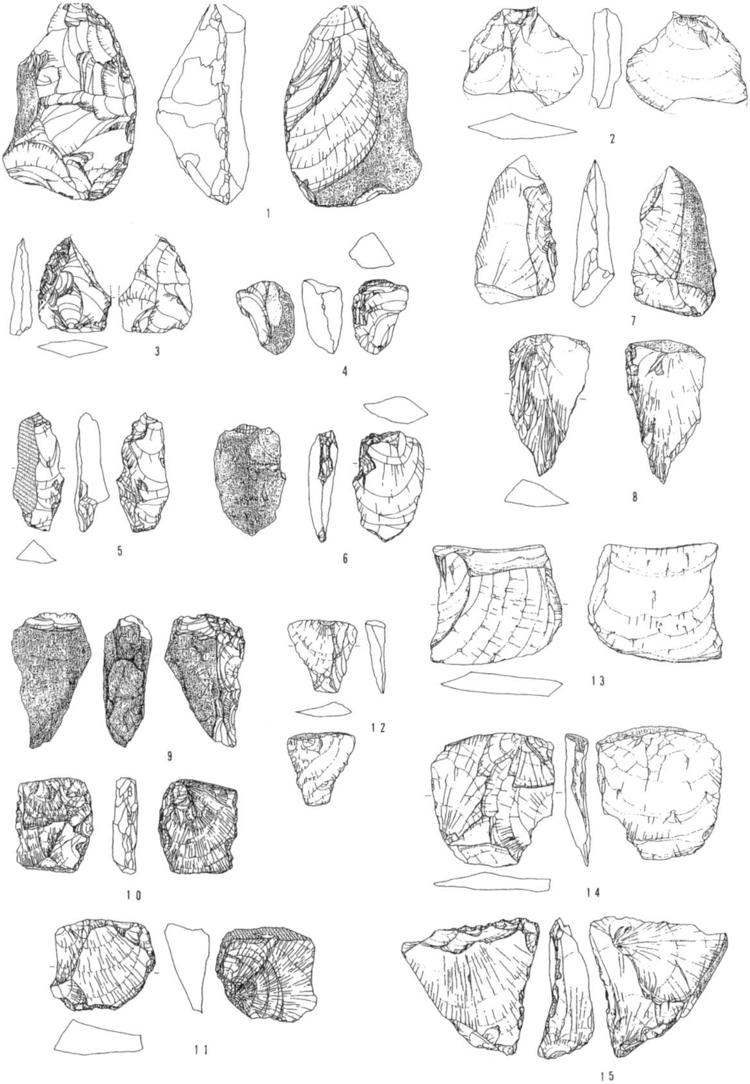

第226図　中期／後期旧石器時代移行期の石器群（相沢・関矢1988による）

を素材とする「基部加工尖頭形石刃」(尖頭形石器）となる（安斎 1991の図１参照)。第226図の５は石刃様の縦長剥片である。福島県平林遺跡（安斎 1988の図21参照）などにも見られ、移行期の石器群を構成する石器として注意を要する石器である。

以上の記述を参考にすれば、岩手県金取遺跡(金取遺跡調査団 1986)、栃木県星野遺跡の新資料（安斎 2001)、福岡県辻田遺跡（山手 1994)、長崎県福井洞穴15層および相当層（川道 2000)、熊本県大野遺跡群Ⅷb層（現在整理中）の石器群など、及び長野県仲町遺跡Ⅰ区Ｐ列におけるスコリア層砂礫層出土の27点の石器（野尻湖人類考古グループ 1996)、静岡県ぬたぶら遺跡の石器類（現在整理中）など中期旧石器時代から移行期へかけての石器群の理解は可能である。

2）移行期から後期旧石器時代へ

東京都武蔵台遺跡は後期旧石器時代開始期前後、すなわち移行期石器群と後期旧石器時代初頭石器群の層位的変遷をよく表している標準遺跡である。中期旧石器時代の「斜軸尖頭器と素刃石器」から後期旧石器時代前半期の「ナイフ形石器と台形様石器」という二極構造的変化（佐藤 1992）に介在する時期が移行期であって、武蔵台遺跡Ｘb層が相当する。

しかし､この移行期の二項論的な意味づけはあいまいのままであった。最近、田村隆が端部整形石器というカテゴリーをつくって、「重層的二項性」として明確化した（田村 2001)。これを借用して、次のような変遷観をつくってみた。

斜軸尖頭器＋素刃石器 ｛中期旧石器時代｝→基部加工尖頭形剥片＋端部整形石器 ｛移行期：武蔵台Ｘb層相当｝→基部加工尖頭形石刃（尖頭形石器）＋台形様石器 ｛後期旧石器時代開始期：武蔵台Ｘa層相当｝→背部加工尖頭形石刃（ナイフ形石器）＋台形様石器 ｛後期旧石器時代前半期：武蔵台Ⅸ層相当｝（安斎 2000aの図１参照)。ここでは、田村の

端部整形刃器はそのまま採用する。端部整形尖頭器の方は小型のものはいいのだが、大型のものは系統観から言って基部加工尖頭形剥片のままでいいと思う。上記の変遷は文字だけで見ると、中期旧石器時代以来漸移的な連続過程に映るが、稜付き石刃技法の出現以前と以後とでは石器群に大きな格差が生じており､構造変動（不連続）の概念を導入したい。この段階をもって後期旧石器時代の開始と見なすことも可能である。これに関連するかもしれない現象として指摘しておきたいのは、移行期のある時期までの遺跡は、山間の丘陵部や高位の河岸段丘上に単独で存在する傾向があるのに対して、それ以降の遺跡では、武蔵台遺跡にしても、神奈川県吉岡遺跡にしても、開けた台地上を繰り返し利用する重層遺跡が多いことである。この行動論的な土地利用の相違にも注目しておきたい。イブ仮説を念頭に置いて、ここに現代型新人の到来を仮定したものかどうか迷うところであるが、先史人類学・考古学研究の現状では何ともいえない。

上記の変遷観は列島中央部を念頭に構築したものである。田村が示したように、例えば東北地方の後期旧石器時代前半期では、基部加工尖頭形石刃＋端部整形石器という組み合わせも顕著である。北海道や近畿・中四国・九州での展開もそれぞれの地域性を反映して、石器の技術と形態が異なっていたようである（安斎 2000a)。もう少し細かな分析を行えば、関東・中部地方においても構造内変異を明らかにしていけるであろう。

とりわけ、今回報告された当後牟田遺跡出土の石器類は放射性炭素による年代値から予想される石器類とは大きな隔たりをみせる独特な組成であった。しかし、「基部加工尖頭形剥片」を含む移行期の石器群であることは間違いないので、この地域特有の石器群変遷を予感させるものである。

8.　2002年の「後期旧石器時代の開始期前後の石器群」（『考古学ジャーナル』No. 495，4-5頁）の全文。

コメント

ニュー・サイエンス社から『考古学ジャーナル』誌特集号のテーマと執筆者の選定を依頼された。私自身の中断していた中期／後期旧石器時代移行期の研究の再開を期して書いた一文。岩手県金取遺跡、宮崎県後牟田遺跡、長野県野尻湖遺跡群、長野県竹佐中原遺跡、静岡県愛鷹山麓遺跡群とぬたぶら遺跡を取り上げた。

藤村新一による「旧石器時代遺跡捏造問題」の解明過程で活躍が目立った２人、小田静夫と竹岡俊樹による日本列島の旧石器時代観は対照的である。

小田は、今は東南アジアの海中に没するかつてのスンダ大陸に発して、中国南部、フィリピン、台湾、沖縄、奄美大島、種子島と黒潮に乗って北上した現代型新人（*Homo sapiens sapiens*）が列島最古の人類であるとする。すなわち、彼が1970年代に発掘調査を行った東京都野川流域の遺跡群において、立川ロームＸ層に包含されていた所謂Ⅰa期石器群は先に挙げたルートをたどって伝播した石器群で、台湾、香港、東南アジアに分布するという「不定形剥片石器文化」に連なるというのである（小田 2002)。しかし、このいずれの地域にも小田の想定を実証する旧石器資料は見つかっていないのが実情である。ちなみに、「武蔵野台地に認められた旧石器文化の変遷は、日本各地の石器群様相とほぼ共通したものであり、ここに全国編年の基礎的資料が確認された」、という小田の武蔵野台地中心の認識は、1980～90年代の発掘資料によって限定されたものになっている。

一方、竹岡は日本列島における前・中期旧石器時代の石器群として、岩手県金取遺跡、山形県富山遺跡、群馬県権現山遺跡等を挙げる。富山遺跡はアシュール文化の伝統を基盤として剥片剥離技法を発達させた文化の遺産であると捉え、中期旧石器時代に位置づけ、さらにその伝統は形を変えながら後期旧石器時代まで残ったとする。すなわち、瀬戸内技法をもつ文化（在来系文化）＝古代型ホモ・サピエンスの文化、新石刃技法をもつ文化（北方系文化）＝現代型ホモ・サピエンスの文化、という図式である（竹岡 2002）。富山遺跡の石器群については阿部祥人が詳細な検討に基づき、縄紋時代早期のものとしている（阿部 2000）。私も実見により縄紋時代の石材産地に特有の石器群であると認識した。その他にも竹岡の『日本列島旧石器時代史』には認識や解釈に独りよがりの部分が多すぎるため、その妥当性を旧石器研究者間で論じられることはないであろう。

私についていえば、この問題の原点である1988年の拙論（安斎 1988）での「前期旧石器」の研究法に対する批判と展望の部分（18〜19頁）は現在でも有効であるし、また、中期旧石器時代の斜軸尖頭器石器群についての概観部分（19〜21頁）も基本的に今日においても妥当である、と考えている。ただし、馬場壇Ａ遺跡、座散木遺跡、それと安沢Ａ遺跡の記述部分はもはや有効でないことはいうまでもない。

「前・中期旧石器」の存否問題は、近年の発掘調査によって明らかにされた神奈川県吉岡遺跡Ｄ区Ｂ５層の石器群や静岡県第二東名25，26地点のＢＢⅦ層の石器群および関連資料を含めて、小田の「Ⅰa亜文化期」の石器群、私のいう「Ｘb層相当」石器群、あるいは諏訪間順の「段階Ⅰ」の石器群（諏訪間 2001）をどのように見るか、言い換えれば、列島内にすでに存在していた先行石器群の系譜に連なるのか、ということが一つのポイントになる（安斎編 2002）。後者の見方をとる場合、列島周辺地域に同様の石器群の存在を指摘し、かつ後出の石刃石器群との系譜関係にも言及する必要が生じよう。

この問題は諏訪間順の提示した「相模野旧石器編年」の到達点がいかに称揚されるべき精度のものであっても、そうした地域研究からの視点では解決できない。白石宏之（1996）や鈴木次郎（2000）が私たちと似たテーマの石器群変遷観を表明するようになったが、類似は表面的である。それでは何が違うのか。それは「石器文化」と「構造変動」という言葉に象徴されるパラダイムの違いである。

1990年代を通して私たちが練り上げてきたのが構造変動という見方である。私は前出の1988年の拙論で中期／後期旧石器時代移行期の歴史的設定と移行期石器群の抽出を行い、佐藤宏之は台形様石器群の抽出（佐藤 1988）と二極構造論の提案（佐藤 1990）を行い、田村隆は二項的モード論と、それに則る東北日本における後期旧石器時代石器群の推移的交差変換から巡回的平行変換への構造の変化を明示した（田村 1989）。その後の私は「ナイフ形石器文化」・「ナイフ形石器」の脱構築化を図り、後期旧石器時代前半期を構造化する機軸として、台形様石器・基部加工尖頭形石刃（尖頭形石器）・背部加工尖頭形石刃（ナイフ形石器）に中心的役割を与えた「台形様・ナイフ形石器石器群」を提案した（安斎 1997）。田村は同様に台形様石器の脱構築化を図って「端部整形石器」を抽出し、斜軸尖頭器石器群における二極性と後期旧石器石器群における二項性とを包括して重層的二項性と呼び、その間に二つの変換プロセスを認識した。そして後期旧石器時代前半期の基本構成を「重層的二項性を基盤とする交差変換構造」であるとした（田村 2001）。佐藤は橘昌信と共同で評価の不安定であった宮崎県後牟田遺跡の再調査を行い、「前・中期旧石器問題」をあげつらうだけで「知的生産」に関わらない連中に一矢を報いた（橘・ほか編 2002）。第Ⅲ文化層の石器を中期／後期旧石器時代移行期の石器群として積極的に評価し、中期旧石器時代を遡っての編年的再構築を試みている（佐藤 2002）。ちなみに、私も現時点での見解を寄稿している（安斎 2002）。

同時期に調査された熊本県大野遺跡群の発掘と整理作業は「捏造問題」の影響をもろに受けた。「判断は各研究者に委ねるということ」になったが、和田好史らはⅦa・Ⅶb 層の台形様石器群を AT 直上と直下に、Ⅷa・Ⅷb 層の「資料」とⅧc・Ⅷe 層の「資料」を地層形成上から分離できると報告した（人吉市教育委員会編 2002）。私は出土石器を実見した際に、前者の石器群は中期旧石器時代終末から移行期に、後者は中期旧石器時代に位置づけられると判断した。なお、大野Ｄ遺跡の発掘を見学した際の調査者の説明で、石器の包含層は基盤直上の赤色土層、間層を挟んで上位の赤色土層、間層を挟んで２枚の台形様石器群包含層という理解であったので、報告書に記載された「大野遺跡群の基本層序（Fig. 15）」に違和感を覚えている。

この期間は織笠昭（2002）が言うように「空白の20年」などでは決してなく、上記のパラダイムの元に全国の AT 下位石器群が広く理解されていく過程でもあった。織笠は佐藤の台形様石器をあげつらっているが、田村のように代替案を提出しない。単なる「いちゃもん」と学問的な「批判的継承」との差は歴然である。

考古学的な意味における“正しさ”をめぐる今回の問題が、議論の特殊学問的な性質を評価する能力に乏しい人たちをも魅了していったのは事実である。そして奇妙なことにそうした「学問的アマチュア」―語弊があるなら、「考古学」よりは「石器」に強い興味を示すオタクたち―は、この時とばかりに、「理論」や「パラダイム転換」をも葬り去ろうと、反動化していった。私たちは彼らの実際の態度を見ても意気阻喪することはない。私たちが現実に科学的（学問的）に前進している限り、自らの「真理」が決して最終的なものではなく、生きた探求の中でたえずラディカルに修正されていくことをよく自覚しているからである。

上記の後牟田遺跡と大野遺跡群の他に熊本県石の本遺跡（池田編 1999)、同沈目遺跡（清田編 2002）の報告書が相次いで刊行された。石材・製作技術・石器組成・廃棄パターンなどそれぞれが多様な様相を示し、安易な「石器文化論」的解釈を拒んでいる。技術組織論あるいは作業の連鎖論（シェーン・オペラトワール）を応用しながらゆっくり検討していきたい。

9.　2003年の「編集後記」(『考古学Ｉ』）からの抜粋。

コメント

11年間毎年発行してきた『先史考古学論集』にマンネリ化の翳りが見えていたので廃刊にし、心機一転を期してこの年から『考古学』を編集・発行した。熊本県大野遺跡群出土の石器類は後期旧石器時代を遡る古い石器であると見ていたが、調査・整理時期が捏造問題で大騒ぎしていた時期と重なったため、発掘調査報告書が刊行されたにもかかわらず、考古学界から完全に無視されてしまった。『考古学Ｉ』に掲載した北森梨恵子さんの報文に触れた、編集後記の該当部分である。

報文コーナーを設けた。重要な資料が埋もれていく昨今、微力でも救い出していきたい。否定的見解が飛び回った熊本県大野遺跡群の資料を、発掘・整理分析・報告書作成に一貫して参加した北森梨恵子さんの修士論文から、主に分析部分を取り出し書き直してもらった。コンテクストを抜きにして、石器鑑定人のような言動を弄する人たちを私は信用しない。

10.　2003年の『旧石器社会の構造変動』からの抜粋。

コメント

「学位論文を書かないのかな」と早稲田大学の菊池徹夫さんが言っていました、と佐藤宏之さんから言われた。「東大に遠慮しているなら、うちでもいいよ」、ということであった。「学位論文について考えたことはなかったが、考えがあって書かないというわけではない」と答えておいた。しばらくして、その間に菊池さんと佐藤さんの間で段取りが出来上がっていることを知った。

これを機に、これまで書きっぱなしにしてきた諸テーマをまとめるのもいいかもしれないと考え、一年間学位論文作りに専念した。本著はこうして早稲田大学に提出した学位論文である。

第Ⅲ章　中期／後期旧石器時代移行期

第１節　1988年の問題提示

（前略）

ところが、1980年代に入ると、最後の間氷期からヴュルム氷期の開始頃に後期旧石器時代へ移行していく変化の予兆が認められるようになってきた。そうした新しい考古学的現象を背景として、「移行期」の概念を使って日本列島における斜軸尖頭器を特徴とする石器群の終焉をナイフ形石器群まで下って、またナイフ形石器を特徴とする石器群の出現を斜軸尖頭器石器群に遡って考察したのが1988年の拙論であった（安斎1988）。進化論的視点から中期／後期旧石器時代移行期に関する問題設定を行ったこの論考では、筆者は、①フランス南西部ペリゴール地方、②中部ヨーロッパ・環カルパチア山地、③西アジア・レヴァント地方、④日本列島、以上四つの地域の石器群を概観して、その表現形態が時空間的に多様であったことを明示した。以下に当時の所見を再録し、その後で改定した今日の所見を叙述する。

(中略)

4　日本列島

この列島に新しく現れた文化的要素は大陸から渡来したものである、というのがわが国の研究者に根強く残る考え方である。当該期についても、石刃技法と石刃を素材とするナイフ形石器は大陸渡来のものであって、しかも列島最古の石器群であるという見方が長く続いた。1983年の宮城県座散乱木遺跡の発掘によって「前期旧石器存否論争」に決着がついたとされてきたが、「捏造問題」によって前・中期旧石器は存在しないという見解が復活し、当該期をどのように見るかという問題が重要な課題となってきている。

岡村道雄は1976年の論考で次のように述べた。

> この時期は少なくとも3つに細分されよう。石子原・向山鹿沼直上・平林の石器群は、古くからのルヴァロワ型石核や円盤形石核を残し、祖型石刃技法が新しく加わった多様化した技術基盤をもっており、石器組成は、剥片の一端にあらい基部加工を施した石器、プティ・トランシェ、切出形を呈する粗雑なナイフ、彫刻刀形石器に若干の両面加工石器とチョッパー、チョッピング・トゥールが伴う。剥片の一端に基部加工が施された石器は、所謂斜軸尖頭器のバリエーションとしてとらえられる石器で、中部ローム下半期の所謂斜軸尖頭器中にも入念に基部加工の施されたものが権現山、桐原、星野Ⅲに数点みとめられる。これらの点から中部ローム下半期の特色を受け継いだ様相も認められる。
>
> 中山谷Ⅹ、西之代BⅩ、星野Ⅳ、向山黒色帯、三角山の石器群は前述のものに比較すると、多様な剥片生産技術が整理されて祖型石

刃技法にその特色が認められる。石器組成は粗雑なナイフ形石器、ノッチ入りの錐、スクレブラなどが複雑な様相をもって存在している。大別すれば前述の石器群に包括されるかもしれない。

さらに鈴木Ⅹ・高井戸東Ⅹなどは、ナイフ形石器、磨痕のある楕円形両面加工石器や所謂スクレブラを石器組成にもち、剥片生産の技術基盤は祖型石刃技法にとどまらず、石刃技法に近いものの存在がみとめられるようである。漸次、石刃技法が定着し、立派なナイフ形石器が存在するようになるらしい。この３グループは記述した順に新しいと考えられるが、前期旧石器から後期旧石器への過渡期として複雑な様相を示すのであろう（岡村 1976）。

こうした岡村の先行研究を批判的に継承したのが筆者の1988年の論考であるが、そこで移行期に属するとした遺跡の石器群のうち、今日においても有効であると考える３遺跡の部分を再論しておく。

(1)　長野県石子原遺跡

次に言及する平林遺跡の報告書同様、報告書で使われている用語とそこに込められた概念は、「丹生・早水台」以来の観念、ある命題を明らかにするために用いられてきた硬直した石器認定を反映しているので、新しい現実的な認識によって読替えが必要である。

剥片・剥片石器の特徴に乏しい当遺跡の石器群（図５）で注目されるのは石核類である。とりわけ岡村（1972）の分類によるⅠ類（祖型石刃石核）とⅡ類の共存がこの時期を特徴づける。前者（１～３）は、打面調整を繰り返しながら同一打面の周辺に沿って打面から垂直に少なくとも５～６回連続的に剥片を剥離していく石核で、長幅指数が100前後の台形もしくは方形の剥片が複数生産されたものと考えられる。剥離が進み全周縁に及ぶものがあるが、さらに重ねて連続的に剥離を加えるようなものではない。岡村がディスク（円形石器）と認定したもの（4）は、実は石核であろう。この石核を中間に置くことによって前段階の円盤形石核から祖型石刃石核への技術的進化の過程が推測できる。それは石核素材の厚みに応じた技術適応である。そして茨城県山方遺跡の石刃石核—現在は時期が新しくなると考えている—を経て、ナイフ形石器の素材生産を目的とするシステマティックな石刃技法に収斂していったと考えられる。後者の石核（5）は、筆者のいう〈盤状連続横打剥片石核〉の祖型で、一方向に粗い打面調整を施した後、その縁辺に沿って２～３回連続的に幅広剥片を剥離していく石核である。この技術の究極的に発達した姿は、もっぱら「ペン先形ナイフ」や台形様石器の素材剥片の生産を目的とする、岩手県上萩森遺跡や秋田県米ヶ森遺跡のシステマティックな〈盤状連続横打技法〉に見られる。

上記２種の石核から剥離された剥片はある程度の規格性をもつが、剥離過程で生じる剥片をそれぞれ適当に使っているらしい。「きわめて強い類似性をもった一群であり、石子原の石器を特徴づけるものである」と岡村がいう石器（6, 7）は、「①一側辺は鋭利なまま残され、そこにわずかながら使用痕が認められる。②基部加工が打面から側辺に一部にかけて施されている。③二次加工による意図的な尖頭器の作出はみとめられない。などにより機能的に後期旧石器時代のナイフ形石器に類似すると考えられる。……典型的なナイフ形石器との間にまだかなりのへだたりがあるが、斜軸尖頭器の一群がナイフ形石器の源流またはその出現に大きな影響を与えた石器と考えられる」（岡村 1972）。超横長剥片を縦位置にし、両側下半部から基部にかけて加工された石器が武蔵野台地X層相当の石器群においても見られ（図7-7）、この種の石器の素材を石刃に変換すれば尖頭形石器（基部加工尖頭形石刃石器）に進化する。

(2)　福島県平林遺跡

平林遺跡の石器分類は岡村道雄がしているので、筆者がここでいうべきことはあまりない。ただし、筆者が2度実見したところでは、石核類とその剥片に対する認識は大幅に改める必要があった。

平林の石器群（図6）を代表するというⅠ類からⅢ類の石核のうち、Ⅲ類のルヴァロワ型石核と円盤形石核は石子原遺跡のⅠ類とⅡ類、すなわち「祖型石刃石核」と祖型〈盤状連続横打石核〉に対応する（1，2）。確かにⅠ類の石核類はこの遺跡の剥片生産技術を特徴づけているが、それ以上に重要なのが〈盤状連続横打剥片石核〉（3）と、石子原型「祖型石刃石核」とは別種の「祖型石刃石核」である。前者からは素刃石器（4，5）の素材剥片が剥離されている。後者は角柱状あるいは板状の石材を素材として、その小口または稜の部分から1〜3枚の厚手の縦長剥片（6，7）を剥離している。連続横打剥離痕と縦長剥離痕とが同一個体に残された例もあり、これも山方遺跡出土例を連想させる。平林遺跡からは長幅指数150以上の縦長剥片が30点（11.8%）出ているものの、多くは不規則で特定の石器の素材として意図的に剥離されたものではない。石子原→平林→山方という流れで各石器群中の石核類を検討することで、剥片の縦長化傾向を掴むことができた。

（3）東京都武蔵台遺跡

武蔵野台地における立川ロームⅩ層で、時期の異なる二つの石器群を初めて分離した武蔵台遺跡は、先に述べた移行期の2遺跡では漠然としていた石刃製ナイフ形石の発生過程を示す重要な手がかりを与えてくれた。

Ⅹb層出土の総数60点の剥片石器を報告者の横山祐平は七つの類型に分類している（早川・河内編 1984）。第Ⅰ類「平行剥離痕を有するもの」、第Ⅱ類「抉入刃部を有するもの」、第Ⅲ類「鋸歯状の二次加工を有するもの」、第Ⅴ類「二次加工の剥離面の大きさが均一でなく、急角度のもので剥片の打面あるいは縁辺を折り取るような加工の見られるもの」は、広義の素刃石器の範疇に入るもので、技術形態的に斜軸尖頭器石器群のものと近似する例を多く含んでいる。しかし、〈盤状連続横打剥片石核〉にしろ、「回転系多打面型」や「置換系打面交代型」(田村 1986) にしろ、台形様石器製作を目的とするシステム化した剥片剥離はまだ見られないようである。また、第Ⅳ類「彫器」、第Ⅵ類「剥片の一端に尖頭部を作出されているもの」、第Ⅶ類「楔形石器」はいずれも先行石器群を構成している石器であって、数が増えていることと、縦長剥片を散発的に利用していることで、この種の石器に若干の進展が認められる。他方で、斜軸尖頭器石器群を特徴づけていた斜軸尖頭形剥片やそれを素材とした削器・尖頭器類がまったく見られない。代わってこの石器群を特徴づけているのが石斧類で、打製石斧が2点、局部磨製石斧が5点、刃部破片が1点、刃部再生剥片を含む同一母岩その他製作時に剥離されたと考えられる多量の剥片が出土している (図7)。

Xa層出土の石器群 (図8) に見られる新しい要素は、縦長剥片 (石刃) 製の石器と台形様石器 (3, 4) —報告書ではヘラ状石器とスクレイパーとして分類されている—で、しかも黒曜石が使われていることも注目される。ただし、縦長剥片製の石器は黒曜石製とチャート製のいずれも、超横長剥片を縦位置に使い側辺から基部に平坦剥離を加える素刃石器—今にいう基部加工尖頭形剥片—に類縁する。「末端の薄く断面が鋭角になる部分にインバースリタッチにより粗鋸歯状の二次加工が見られ、背面側にも同様に細かな二次加工が見られる」石器 (11) も先行石器群に系譜がたどれよう。黒曜石製の「局部磨製石斧」(14) に関しては、横山自身、「(極端に器厚が薄いことから) したがって平面形が直刃であり、断面が薄い本遺跡資料、多門寺前遺跡、房谷戸遺跡資料と共に石器群の組成上『石斧』的なものと異なる位置づけが必要となろう」と述べているとおり、別器種とすべきであろう。不定形剥片素材の切断整形による石器が多い点も以前からの伝統を感じさせる。

1988年の時点では、「石刃製ナイフ形石器」—今に言う基部加工尖頭形石刃石器、略して尖頭形石器—の本格的な出現をもって後期旧石器時代の開始と見なし、武蔵台遺跡Ⅹb層とⅩa層の石器群間で線引きして、前者を移行期石器群とした。おそらく黒曜石の利用や局部磨製石斧の出現もこの動きと連動したものであろうと考え、後期旧石器時代開始の問題は個々の文化要素の出現を指標にするのではなく、構造変動の視点から取り組まなければならない、と主張したのである。

ところが、1990年代以降世界の旧石器時代研究は大きく様変わりしつつある。

第2節　1990年代に入っての新しい動向

（前略）

5　日本列島

日本列島では、「馬場壇A遺跡、座散乱木遺跡、安沢A遺跡」の石器群が「前期旧石器時代遺跡捏造問題」との関連で史料価値を失ってしまった。この「捏造問題」を踏まえて、まず簡単に学史を振り返って移行期をめぐる問題の所在を確かめておきたい。

周知のように移行期の問題化は芹沢長介による「前期旧石器」の提唱に始まる。芹沢の諸論はここでは直接関連しないので、これ以上の言及は要さない。他方で、小田静夫とチャールズ・キーリーは武蔵野台地、とくに野川流域のそれまでの調査経験から「前期旧石器」を批判した。1970年に調査された野川遺跡では10枚の「文化層」と石器群が検出され、立川ローム層内の石器群はⅠ期、Ⅱa・Ⅱb期、Ⅲ期、Ⅳ期に区分された。野川流域の平代坂遺跡や石神井川流域の栗原遺跡ではⅩ層から石器が見つかり、局部磨製石斧が伴うことも知られた（Oda and keally 1973）。

西之台遺跡B地点ではX層下部から磨石の破片らしきもの、X層中部から2点の礫石器の出土が報じられた。X層上部の石器は大形の礫器類とチャートとの小型石器からなり、後者は不定形剥片の尖った一辺にノッチをいれ錐状に仕上げた石器と楔形石器などで、「立川ローム層最古の文化」として報告された。小田とキーリーは、芹沢が主張していた「それ以前の石器文化」はいずれも人工品であるとの確証、遺物包含層の問題でどれも解決がついていない、と退けたのである（小田・キーリー1974）。

芹沢を継承した岡村道雄は、「前期旧石器文化の歴史的発展と後期旧石器文化との文化的連続性の研究」を「祖型石刃技法」の介在によって試みようとした。岡村は長野県石子原遺跡のⅠ類石核の分析から「祖型石刃技法」を次のように定義した（図5参照）。「礫もしくは粗割礫の一部に打撃を加え、平坦な打面を作出する。この打面の周辺に沿って打面から垂直に連続的に縦長もしくは台形剥片を剥離する技法である。縦長で稜線の平行したより整った剥片が量産されることをもってより進歩した段階のものとみなしうる。ただし主要剥離は数回で、打面の周辺を一回以上まわることはない」（岡村 1974）。

小田静夫はその後高井戸東遺跡などの新データを加味して、Ⅰa・Ⅰb・Ⅰc期、Ⅱa・Ⅱb期、Ⅲ期、Ⅳ期のようにⅠ期を3細分した。ここで注目されるのは、Ⅰa期に西之台BX—石子原、中山谷X—福井15を配し（後に福井15をⅠbに位置づけている：Oda and Keally 1979）、Ⅰb期に平代坂X—栗原X—高井戸東X—三里塚55地点、ICU Loc. 15 Ⅸ—鈴木X—高井戸東Ⅸ中・下—岩宿Ⅰ、平代坂Ⅸ—鈴木Ⅸ—打越Ⅸ—武井Ⅰを配していることである。また「いも石」との関連では、「武蔵野台地にはじめて現れた人達は、地表にころがっていたチャートなどの硬い石質の小礫を使用し、小型の石器類を製作したのかもしれない」と述べていた。「磨製石器」との関連でも、「Ⅸ・Ⅹ層文化より古い石器文化がまだ発見されずローム深くに埋まっていて、その中に磨く技術のナゾがかくされているのであろうか」とも述べていた。もっとも注目されるのは「ナイフ形石器の始源」の項での「祖形的様相を呈するⅩ層のナイフ形石器」が一番古いとなれば、「縦長剥片の基部加工という出発点を持って、日本でつちかわれてきた石器といえよう」という言説である（図13）（小田 1977）。この時点での小田は、明らかに武蔵野台地Ⅹ層以前の石器群の存在を予想していたのである。ここで腑に落ちないのは、なぜ福井15層の石器群が武蔵野台地Ⅹ層並行なのかということである。後年、この時期の研究史を回顧して、「確かな石器、遺構の発見（文化層）は、すべて立川ロームⅩ層までで終了してしまった。こうした事実から、日本にはヨーロッパの後期旧石器時代に対比される『新期』の旧石器遺跡しか存在しないという考えを強くしたのである」（小田 2001）と述べている。

岡村道雄と同じく芹沢門下であった戸田正勝は、小田らの研究を背景として、鈴木遺跡での発掘調査の経験から岡村の「祖型石刃技法」を継承、定義を拡大して立川ローム基底部（Ⅹ～Ⅶ層）の縦長剥片剥離過程を3類に分け、それらが東京都鈴木遺跡第Ⅵ層のような石刃技法の祖型となったと主張した（戸田 1979）。戸田の第Ⅰ類は横打石核の系列、第Ⅱ類は小口面を作業面として打点がジグザグに後退する縦打技法の系列、第Ⅲ類は打点が打面周縁をめぐる縦打石核の系列と読みかえられる。

芹沢―岡村―戸田と発展してきた石刃技法の内的発展論は、しかしながら、岡村と戸田が時おり発表する大陸からの伝播論によって不明瞭なものであった。石刃技法及び石刃素材のナイフ形石器は大陸から伝播したものであったのか、それとも先行する石器群を基盤として列島内で進展したものであったのか、問題設定は明白であった。しかし、宮城県「座散乱木遺跡」の発掘調査以降、多くの関心は「前期・中期旧石器時代」へと急速に移っていった。

以上のような先行研究を背景として、問題の進展を図ろうとしたのが先に言及した1988年の拙論であった。そこでの「前期旧石器」の研究法に対する批判と展望の部分（18～19頁）は現在も有効である。むしろ「前期旧石器時代遺跡捏造問題」を契機として、そこから再出発すべきかもしれない。また、中期旧石器時代の斜軸尖頭器石器群についての概観部分（19～21頁）も基本的に今日においても妥当である、と筆者は考えている。ただし、「馬場壇Ａ遺跡、座散乱木遺跡」、それと「安沢Ａ遺跡」の記述部分はもはや有効ではない。それらに替わって、ここでは相沢忠洋が回収した群馬県の不二山遺跡、権現山遺跡第１地点と第２地点の石器（相沢・関矢 1988）を使って、中期旧石器時代の（斜軸尖頭器）石器群とそれに続く移行期石器群との一般的器種組成、および石器の個別的特徴を予察しておきたい（図14，15）。

予察に入る前に、小田と戸田の最近の考えを確認しておく。「日本の『前期旧石器』が本当の事実であれば正当化されるであろうし、また事実でなければ消滅するとの信念から、いずれ時間が解決するものと今日まで『旧石器研究』に距離を置いてきた」という小田の「日本の旧石器文化」観は、第Ⅰa文化期：約3.5万～3.3万年前、第Ⅰb亜文化期：3.2万～2.6万年前、第Ⅰc亜文化期：2.5万～2.4万年前、第Ⅱa亜文化期：2.3万～2.1万年前、第Ⅱb亜文化期：2.0万～1.7万年前、第Ⅲ文化期：1.6万～1.4万年前、第Ⅳ文化期：1.5～1.2万年前という年代値以外は30年前と変わっていない（小田 2001）。小田は明確に叙述していないが、掲載図と記述から推して、第Ⅰa亜文化期の石器群の系譜を、種子島→琉球列島→台湾島→中国南部→東南アジアに想定している。しかし、台湾、香港、東南アジアに分布するという「不定形剥片石器文化」（小田 2002）

についての小田の認識は、型式学的にも編年学的にも、さらに事実関係からも認めがたい。このいずれの地域にも小田の想定を実証する考古学的資料は現在見つかっていない。ちなみに、「武蔵野台地に認められた旧石器文化の変遷は、日本各地の石器群様相とほぼ共通したものであり、ここに全国編年の基礎的資料が確認された」という小田の「武蔵野台地中心史観」は、ここ10年ほどの諸研究によって限定されたものとなっている。この点に関しては次節で詳説する。

戸田は「Ⅺ層下部からⅫ層」にかけて包含されていた鈴木遺跡御幸第Ⅰ地点石器群の再検討を行っている。石器群は、「基部整形石器（報告書ではナイフ形石器）1点、切断整形石器（報告書では台形状ナイフ形石器）1点、スクレイパー3点、楔形石器5点（うち砕片1点）、錐2点、二次加工のある石器7点、石核17点、剥片56点、切断剥片12点、砕片33点」で構成されていた。その御幸第Ⅰ地点石器群の技術基盤と立川ロームⅩ層石器群の技術基盤が明らかに異なり、祖型石刃技法から石刃技法への系統的な発展は認められないとの認識に立って、戸田は御幸第Ⅰ地点石器群を中期旧石器的な石器群の存続と見なし、「おそらくⅩ層段階で外来的な石刃技法を技術基盤とする石刃石器群を受容した列島の旧石器文化は石器群の構造を変化させ、二極構造の石刃石器群を生み出していったものと考えられる。この石刃石器群の出現をもって、後期旧石器時代が始まる」と結論づけている（戸田 1997）。以上の記述から明らかなように、小田のⅠa亜文化期の石器群、戸田の鈴木遺跡御幸第Ⅰ地点石器群、すなわち筆者のいうⅩb層相当石器群（安斎 1988）をどのように見るか、ということがポイントである（安斎編 2002）。

座散乱木遺跡の発掘調査によって「前期旧石器存否論争」に決着がついたといわれた後も、筆者はいくつかの石器群を俎上にのせてきた。そのうちの大分県丹生遺跡の石器群は鈴木忠治の再整理・分析によって、後期旧石器時代以前に遡ることはない（鈴木編 1992）、という一応の結論に達した。そこでここではその他のいくつかの石器群に触れておく。

（1） 愛知県加生沢遺跡

小型石器と大型石器で構成された加生沢遺跡の石器群は、紅村弘によって1968年に報告書が出されて以来、丹生の石器群と同様な批判と無視にあっている。実見した当初、小型石器類は斜軸尖頭器石器群の一群かと思ったが、その後紅村が自費出版した『加生沢遺跡石器資料写真集』（1989）と、「東京都多摩ニュータウン No. 471-B 遺跡、群馬県入ノ沢遺跡、福島県上野出島遺跡、同大平遺跡、栃木県七曲遺跡」など新発見の石器群―今日、いずれも「捏造問題」との関連を指摘されている―と比べてみて違和感を覚え、あるいは大型石器とともに前期旧石器であるかもしれない、と考えた（安斎 1994）。

紅村は、「裁断剥離による尖頭形成、尖頭対照部に原礫面を遺存すること、それに器体中央の稜上打撃という三つの要素の揃った裁断剥離尖頭器」を重要要素とする特徴的な石器群が、東アジア地域において「黄河流域および近傍・朝鮮半島・日本を連携する前期旧石器」であるという観点から、加生沢第1地点と周口店第1地点の関係、加生沢第2地点と丁村遺跡や全谷里遺跡の共通点について検討していた（紅村 1984）。

（2） 栃木県星野遺跡

栃木市星野町在住の斎藤恒民が採集した珪岩製の「ルヴァロワ型石核」に注目した芹沢長介は、4次にわたって星野遺跡の発掘調査を行った。その結果、「珪岩製旧石器」を層位的に確認できたことがもっとも大きな成果であったと考えた。それ以前に芹沢は、大分県早水台遺跡から中国の周口店遺跡と同じような石英脈岩を主材とする旧石器を発掘し、「前期旧石器」の存在を証明したと思っていたからである。そこで「珪岩製旧石器」の出土地を集成し、それらが関東平野の外縁をなす山麓面に分布することを強調し、「珪岩製旧石器」の分布が下末吉海進（古東京湾）と関連するであろうと推測した。そして、「古東京湾の時代に生活した古人類の遺跡を探そうと思うならば、私たちは関東平野の山麓面にこそ注目しなければならない」という結論を引き出した（芹沢 1968）。

ところが、1980年代に入って芹沢の門下生を中心としたグループによって宮城県下で次々に見つけ出された「前期旧石器」は、芹沢の見通しと異なり「珪岩製旧石器」ではなかった。この結果を受けて、岡村道雄は崖錘地形に位置する場所の「珪岩製旧石器」を自然破砕礫であると断定した（岡村 1990）。他方で、戸田正勝も佐野市上富士と星野Ｓ地点の表採資料を駆使して「珪岩製旧石器」を２群に分け、「上富士石器群」と共通する特色を備えている星野第３地点・岩宿Ｄ地点・大久保例を破砕礫（偽石器）であると断定する一方で、良質の青色珪岩を使用した星野Ｓ地点石器群を斜軸尖頭器石器群に関連し、その母体となるものであるという考えを提示した（戸田 1989）。星野Ｓ地点は未調査であるが、戸田の論点は明快である。

芹沢の調査地点を含めた場所に市立のローム探検館が建設される際に、鹿沼層以下のローム・火山灰層はショベルカーで掘りあげられた。その排土中から斎藤恒民が採集した石器がある。そのなかには非珪岩製の旧石器が混じっている。広報を目的に、その一部を加生沢遺跡の石器とともに池袋のオリエント博物館に展示した（安斎 2001）。目にした研究者は少なくないと思うのだが、この件の公式発言・見解発表は耳目に入ってこない。

(3)　群馬県不二山遺跡・権現山遺跡

不二山遺跡の石器類は湯の口軽石層（UP：約５万年前）の下の層から抜き取られている。権現山１遺跡の石器類は湯の口軽石層と八崎軽石層（HP：約４～3.5万年前）との間の層から、また権現山２遺跡の石器は八崎軽石層と黒色帯との間の層から抜き取られている（相沢・関矢 1988)。出土層位からいっても、前2者は中期旧石器時代、後者は移行期に相当する。図14の1，3，4、8～12は斜軸尖頭形を含む剥片とそれを素材とした削器（芹沢長介の定義によれば、1と8が斜軸尖頭器）である。ここでは採集されていないが、「素刃石器」の一群が伴うはずである。同図の2，5（山寺山遺跡出土例)、6は両面体の大型石器である。栃木県星野遺跡の新資料（安斎 2001、図10左）との類似から、2は片面加工の大型石器としてもよい。6はミコキアンの洋梨形ハンドアックスに対比されたこともあるが、筆者は「石斧形石器」の範疇に入れている。7もハンドアックスとされていたが、佐藤達夫が「反転横打剥片石核」であるとした（佐藤 1976)。今に生きる卓見であって、筆者もこれを「盤状連続横打石核」と概念化して、図15の7や9を経て、この剥離技術が後期旧石器時代に受け継がれ、最終的に米ヶ森技法に至ったという見解を表明している。以上の3点の石器は90度回転した位置で見ると理解しやすい。剥片は斜軸尖頭形ではなく、縦長の二等辺三角形化している。この時期をもっともよく特徴づけている石器であって、長野県石子原遺跡や東京都中山谷遺跡にもある。後期旧石器時代に入って石刃技法が登場すると、石刃を素材とする基部加工尖頭形石刃石器（尖頭形石器）となる。同図の5は石刃様の縦長剥片である。福島県平林遺跡（図6-7参照）などにも見られ、移行期の石器群を構成する石器として注意を要する石器である。

以上の記述を参考にすれば、岩手県金取遺跡（金取遺跡調査団 1986、菊池・ほか 2002)、栃木県星野遺跡の新資料（安斎 2001)、静岡県ぬたぶら遺跡（高尾 2002)、長野県竹佐仲原遺跡（大竹 2002)、同仲町遺跡Ⅰ区Ｐ列におけるスコリア質砂礫層出土の27点の石器（野尻湖人類考古グループ 1996、中村 2002)、福岡県辻田遺跡（山手 1994)、長崎県福井洞穴15層及び相当層（川道 2000）、熊本県大野Ｄ遺跡Ⅷ層（北森 2003）、宮崎県後牟田遺跡（橘・ほか編 2002、佐藤 2002）など中期旧石器時代から移行期へかけての石器群の理解は可能である。後牟田遺跡と同時期に調査された大野遺跡群の報告書も同時期に出されたのであるが、「捏造問題」の影響をもろに受けて、「判断は各研究者に委ねるということ」になった。和田好史らはⅦa・Ⅶb層の台形様石器群をAT直上と直下に、Ⅷa・Ⅷbと Ⅷc・Ⅷe層を地層形成上から分離できると報告した（人吉市教育委員会編 2002）。筆者は調査現場で石器類を実見した際に、前者の石器群は中期旧石器時代終末から移行期に、後者は中期旧石器時代に位置づけられると判断した。最近、発掘調査と出土石器の整理・分析作業に参加した北森梨恵子が修士論文でこのテーマに取り組み、その詳細な石器分析を公表した（北森　同上）。重要な情報源となろう。

11.　2005年の「編集後記」（『考古学Ⅲ』）からの抜粋。

コメント

「座散乱木遺跡」の発掘調査の結果により、「前期旧石器存否論争」に決着がついたとされた時、栃木県星野遺跡出土の石器類は、芹沢長介氏の弟子たちを含めてそれまでの肯定者たちにもほぼ完全に否定されることとなった。わずかな“敗残者”の一人、柳田俊雄氏から星野遺跡で新たに石器が出ているらしいということを耳にした。佐藤宏之氏、学生たちと、斉藤恒民氏を博物館に訪ね、その間の事情を聞き、石器類を見せてもらった。石器として疑いないものを借用し、池袋のオリエント博物館に展示した経緯は先に記した。

しかしその後も、その石器類に関して諾否を公に表明する研究者は一人も現れなかった。そこで、石器類の実測を行っていた中村真理さんに報文を書いてもらい、長年、星野遺跡と石器類を調査・保管されてきた斉藤氏にも寄稿していただき、『考古学Ⅲ』に掲載した。これに触れた編集後記の該当部分である。

「前期旧石器存否論争」に決着がつこうが、「前・中期旧石器時代遺跡捏造問題」が解決しようが、私にとって、丹生遺跡、加生沢遺跡、不二山・権現山遺跡、星野遺跡、早水台遺跡などは、はっきり私自身の中で決着がつくまで、心にとめておかなければならない遺跡であった。丹生遺跡に関しては鈴木忠司さんの報告書と数年前の再発掘調査の見学により、遺跡は後期旧石器時代以降、礫器の多くは縄紋時代早期に属するものということで納得している。ここで取り上げた星野遺跡の場合も新しい状況が生じていた。何年か前、星野遺跡から新資料が出たとの情報に触れて、早速、斎藤恒民さんの博物館を訪ね、石器を見せてもらった。チャート製の石器数点を含め、他の石材の石器に紛れもないものがあった。捏造発覚で世間が大揺れのとき、池袋のオリエント博物館での展示の話があり、加生沢遺跡のものと共に、誰が見ても石器として納得してくれるだろうと思われた石器を20数点借り受けて展示した。春成秀爾さんが佐藤宏之さんへの礼状の中で、すべて石器ではないと書いてきた以外、表立った反応はまったくないままである。このままでは斎藤さんの努力が再び闇に葬られることになるかもしれないと恐れ、記録しておくことにした。星野遺跡とその石器群について、斎藤さんと中村さんと私との間で必ずしも意見の一致があるわけではない。相違点も含め斎藤さんと中村さんの見解をそのまま載せてある。星野遺跡の石器群もしくは“前期旧石器”の存在を否定している人には、実物と現地を実際に見てその見解を表明してもらいたい。

12.　2005年の「最近の旧石器研究―批判と指針―」(『異貌』弐参、2-33頁) の「第Ⅰ部　批判と反論」からの抜粋。

コメント

「ひとかどの功績を挙げていると評価されているものの、私の目に“パラダイム転換”ができないでいると映る研究者の最近の仕事を批判的に読み、翻って後半部では、いくつかの研究分野から最近の論文を選んで紹介しつつ、今後の研究の方向性を展望」(2頁) した論考である。いわゆる“勝ち組”として賞賛されてきた小田静夫さんの『日本の旧石器文化』、竹岡俊樹さんの『図説　日本列島旧石器時代史』の内容が、近年の研究成果を無視して、独りよがりででたらめであるので、黙っていられなくなったのである。当初、私たち（自称“構造変動論派”）の研究を無視し続ける研究者に対する批判文を書くつもりであったが、書いているうちにこちらの気分が卑しくなったように感じたので、「第Ⅱ部　新しい研究への指針」を加筆した次第である。

第Ⅰ部　批判と反論

小田静夫

「前・中期旧石器時代遺跡捏造問題」に関連して、考古学界に限れば竹岡俊樹以上に“男を上げた”小田静夫は、竹岡が“藤村石器”を除外してもなお列島内に前・中期旧石器の存在を認めているのとは対照的に、その存在を否定している。1970年代の旧石器時代の牽引車であった小田は、「1981年以来宮城県を中心とした前・中期旧石器資料によって、……1985・86年における当時の筆者の批判は『封印』され、『当事者』

はもとより、『考古学界』においても、耳を傾けることすらなく遣り過ごされてきた」ため、その後は“火山灰考古学”や“島の考古学”関連の論文を時折発表していたが、その間、旧石器時代研究から離れていた、と小田自身述べている。小田の『日本の旧石器文化』（2003）は、70年代の仕事を中心に「捏造」関連の文章を加えて網羅的に構成された大著である。私たちの研究基盤が小田の1970年代の仕事にいかに依拠しているかをあらためて認識させられた。その学史上における重要性は今さら言うまでもないことであるし、すでに簡単に言及した（安斎 2003b）ので、ここでは、第六章と終章を構成する1990年代後半以降の諸論を取り上げ、近年の小田の考え方に焦点を当てて論評をしておく。

沖縄では人骨や動物骨の出土は少なからず報告されているが、旧石器の出土は知られていなかった。山下町第一洞穴第Ⅲ層（32,000±1,000yrBP）出土の「礫器」１点と「石弾」２点を実見した小田は、それぞれ「スタンプ状石器」と「敲石」であると判定した。腑に落ちないのは、「最近、鹿児島県側の奄美諸島や種子島で旧石器時代遺跡が発見されてきている。その成果を見るかぎり琉球列島の石器群様相は、東南アジア、中国南部に分布している『不定形剥片石器文化』と呼ばれる島嶼型（大陸沿岸部も含む）の旧石器文化の一員であることが判明している」、という小田の速断である。奄美大島の土浜ヤーヤ遺跡と喜子川遺跡、徳之島の天城遺跡とガラ竿遺跡からは、不定形の剥片と台形様石器、楔形石器、磨製石斧、それに磨石、敲石などが発見されているが、「ナイフ形石器」が認められない。また種子島からも「種Ⅳ」と呼ばれる約３万年前以前の火山灰の下から、横峯Ｃ遺跡では磨石、敲石、土坑が確認され、立切遺跡では礫器、刃部磨製石斧、鉈状石器、磨石、台石、敲石、大型不定形剥片などが礫群、土坑、焼土とおともに発見されている。ここでも「ナイフ形石器」は見つかっていない。そこで小田は、加藤晋平が「台湾・長濱石器文化」の系譜に連なると考えた東南アジアの不定形剥片石器群（加藤 1995）を想起し、同時に近年有力な「現代型ホモ・サピエンスのアフリカ起源説」を背景に、「北方型旧石器文化」に対峙する「南方型旧石器文化」を思いついたというわけであろう。「したがって東南アジアの大陸沿岸部、島嶼地域から、琉球列島北部の奄美諸島にまで到達した不定形剥片文化人が、トカラ海峡を越えて種子島に上陸し、さらに黒潮海流に乗り太平洋沿岸部を北上し、南関東まで拡散した」というのが、小田が描くシナリオである。

「約3.3～３万年前頃、東京地方武蔵野台地の立川ローム第Ｘ層文化に、二つの異なった旧石器群が認められる。一つは小金井市西之台遺跡Ｂ地点・中山谷遺跡の最下層文化で、礫器、錐状石器、不定形剥片、敲石などをもち、石材にチャート、砂岩を多用した石器群である。もう一つは板橋区栗原遺跡、杉並区高井戸東遺跡の最下層文化で、刃部磨製の斧形石器、ナイフ状石器、縦長剥片などを持ち、石材に凝灰岩、頁岩系岩石を多用した石器群である。おそらくこの両者は、更新世後期終末頃に列島内に流入してきたホモ・サピエンス（新人）の系統の違いを示しているものと考えられる」、と記述している。かつての縄紋文化の南北二系統論を想起させる旧石器文化の南北二系統論である。その後の日本列島における後期旧石器文化の変遷的枠組みは、新たに推定年代値を入れているものの、1970年代と本質的に変わっていない。

かつては自ら発掘した資料から読み取ったデータに裏打ちされた議論を展開していた小田であるが、近年の「不定形剥片石器文化論」「旧石器文化の南北二系統論」には具体的な資料から確実なデータを抽出する作業が欠けている。加藤晋平が挙げている東南アジアの石器群は所属年代が不安定であるだけでなく、石器群自体が明確に定義されていない。加藤は、「これら遺跡出土の剥片石器群について、私はなお詳しく検討していない」と述べ、小田が引用した「不定形剥片石器文化」は「僅かな資料から推測される一つの仮説」だと言っている。言うまでもなくなんら説明的価値がないことは強調しておくべきである。私もラオスの洞穴遺跡調査の前後に一時東南アジアの旧石器研究にあたったことがあり、近年も香港や台湾、沖縄や徳之島・種子島を訪れて資料を実見しているが、小田のような仮説を構築できるような資料状況ではない、とだけ言っておく。

最後に苦言と反省を一言ずつ述べておく。「前・中期旧石器時代遺跡捏造問題」以後に、1980～90年代を旧石器時代研究の停滞期と呼ぶ人は、小田を含めて総じて彼ら自身の研究こそが停滞していたのであって、この間の考古学における“パラダイム転換”の動きとその成果とには無関心を決め込んでいた人たちである。ところで、もしもこの評論を読んだ小田が、「それでは、1986年の私たちの批判論文（Oda and Keally 1986）をなぜ批判した（安斎 1988：19頁）のか」と問い返したならば、私はただ当時の己の無知を恥じ入って小田の前に頭を垂れるだけである。小田たちの批判点は二つあった。一点目は出土石器類が関東のX層の石器類に類似しているから時期が新しいということ。二点目は石器類が上下の幅をもたずに層の上面に張り付いたような不自然な出方をするということ。私には二点目の批判を判断する経験も知識もなかったのである。

春成秀爾

講演記録であるが、小田説との関連で春成秀爾の最近の発言（春成 2004）に簡単に触れておきたい。大要は先の小田説をなぞったもので、批判的視点に欠ける話であるが、小田説に矛盾する要素を３点だけ指摘しておく。ひとつは岩手県金取遺跡の石器群の年代をぼかして、沖縄県山下町第一洞穴、鹿児島県立切遺跡と横峯遺跡、宮崎県後牟田遺跡、熊本県血気ヶ峯遺跡と曲野遺跡、東京都西之台B遺跡と中山谷遺跡と鈴木遺跡ほかの石器群と同列に論じていること。二つは明石市西八木海岸の小型剥片石器—かつて「宮城県馬場壇遺跡の小型剥片石器」に対比していた—と木器を肯定していること（なぜこの時期になって突然言及したのかも不可解である)。三つは「縄文人は南方系、…旧石器時代に渡ってきた南方系の人びとであった」と言い切っているが、最近のDNA研究から縄紋人南方系説は否定されていること（宝来 1997)。「礫器・不定形剥片石器から石斧・台形石器・ナイフ形石器への道」を今後も春成が考えるのであれば、これまで無視してきた後期旧石器時代開始期前後の石器群に関する先行研究の数々—「移行期石器群論」「二極構造論」「二項的モード論」「構造変動論」など—に、これからは言及する必要があろう。

竹岡俊樹

メディアを中心に「前・中期旧石器時代遺跡捏造問題」で“男を上げた”竹岡俊樹の研究を見てみてみよう。『石器研究法』（1989）の著者竹岡俊樹がそれ以前の1985年に発表した三篇の論文に対し、かつて「細かい属性分析による客観性の高い石器研究法を提示しているが、この仕事はフランスで彼の地の資料を使って成就されたもので、日本の研究体制の生み出した成果ではない。今後、この種の業績が日本の土壌に根づき定着するかどうか、また、これらを通じて海外の体系的研究法を我が物にし、その方法論を適用し、その論理を使い、その分析能力を日本の研究対象領域に発揮させることができるかどうかが一つの課題である」、と評したことがある（安斎 1986)。

竹岡が最近出した『図説　日本列島旧石器時代史』（2002）をその一

つの応答として読んでみた。列島各地の遺跡出土の多種多様な石器群を取り上げ、それらを「文化的脈絡の中に位置づけることのできる論理を見」出そうとの意図で書かれた大著である。「文化は自然環境や生態系によってではなく、まず遭遇する文化に応じて変容した」という前提のもとで、「前・中期旧石器時代」の岩手県金取遺跡、山形県富山遺跡—竹岡の「前期旧石器時代説」に対する阿部祥人の批判（2000，2004）を参照されたい—、群馬県権現山遺跡の石器群の系譜を引いた在地の「石器文化」が、後期旧石器時代開始期の各地に存在した。すなわち、関東・中部地方の「台形石器文化」「基部加工石刃文化」、瀬戸内地方の「前期国府系文化」、九州地方の「三年山系文化」などである、と竹岡は記述する。それらの在地の文化と、「茂呂系文化」「東山系文化」「杉久保系文化」および「削片文化」など北方から到来した新文化との出会いを想定し、そしてその遭遇の結果、在来の文化による模倣によって生じたのが「柏ヶ谷長ヲサ系文化」「砂川系文化」、「上ノ原系文化」「貫ノ木系文化」、「男女倉系文化」「一ノ台系文化」等々であるという。多数の用語を作り出して、「文化の影響」関係を読み取ろうとしている。しかし、引用文献でわかるように、もっぱら報告書類を用いて他の研究者たちの研究論文を無視しているため—とりわけ、近年充実著しい石材獲得消費戦略関連の論文の無視は致命的である—、同意できる指摘—すでに先行研究での指摘がある部分—の数々と同じくらい、独善的な見解が散見される。北海道から東北地方に分布していた、「国府系文化が取り入れた、大平山元技法 A・B や御淵上技法、石核整形や打面調整を行う石刃技法、平坦剥離によって製作する両面加工尖頭器、荒屋系彫器などをもつオリジナルの文化全体」である「削片文化 X」の具体的な遺跡は未確認ながら、樋状剥離をもつ尖頭器はそこに由来する、といった具合である。

『石器の型式学』（2003）は『図説　日本列島旧石器時代史』の縮小版と

いった体裁のものである。ここでは佐藤宏之と私のそれぞれ1988年の論文—その後の15年間に私たちの研究自体が進展し、認識も変化しているにもかかわらず、最初の論文のみ—に批判的に言及している。石器を充分に観察・分析しない演繹的手法だというのである。他の批判者と共通の謂いである。しかし私たちはそれ以前の数年間、北海道から九州まで関連資料をほとんど見て回っており、しかも普通四人（自動車の座席分の人数）で、時に調査者を加えて、原則的に出土石器を全点観察して、共通認識を形成するような方法をとっていたのである。佐藤の論文はこの過程の記述を省略しているだけである。しかも台形様石器に関する最初の体系的論文であり、それ以降、竹岡を含め研究者たちが批判的論文を書けるのも佐藤論文があってのことである。竹岡はあとがきで、「ついには石器の分析も必要ないと公言する『理論考古学』が登場するに至った」と記している。「理論考古学」は私の用語であるから私を批判してのことであろうが、いったいどこでそのようなことを私が公言したというのであろう。出典を明示されたい。他人の言説を“捏造”することは資料を捏造することと同様に恥ずかしい行為で、研究者にとっては致命的行為であることを肝に銘じるべきである。

とにかくも、「文化は自然環境や生態系によってではなく、まず遭遇する文化に応じて変容した」、という竹岡の日本列島旧石器時代「文化史」観は、旧石器時代「社会集団」への社会生態学的アプローチを試みている近年の“社会生態学派”（安斎 1993、佐藤 1995、田村 1992）の先端的諸研究に、事例・方法論・論理のいずれの面でもその水準には遠く及ばない。一言で言えば、荒唐無稽である。

松藤和人

近年、中国や韓国をたびたび訪問して、東北アジアの視点から日本の旧石器時代を相対化しようとしている松藤和人が、科学研究費補助金研究成果報告（2004）を出した。そうした研究姿勢は時代にかなったものであるが、ここでは松藤の「日本列島における後期旧石器文化の始源」を批判する。

1988年以来このテーマに関して多くの論文を発表してきた私の目から見ると、金取遺跡の新しい年代を明記し、石器類を新たに記述し直した点を除いては、目新しい見解は何もない。「いまや『斜軸尖頭器』の型式設置と時期的限定性という神話は崩壊するにいたった（中川・砂田2003)」と述べているが、当時は松藤自身も共有していた「斜軸尖頭器」の型式設定と時期的限定性がなぜ「神話」なのであろうか。松藤はいつどのようにして「神話的思考」から「科学的思考」へと転向したというのであろうか。松藤は、竹岡同様に私の1988年の論文と佐藤宏之の同じく1988年の論文だけを取り上げて、批判的に、「石刃石器群に先行する石器群」と「先石刃石器群の変遷」の項を書いている。この間の私と佐藤と田村隆の数ある論文を読んでいないか理解していないかで、内容は馬脚をあらわす結果となっている。1988年の拙論の副題が「前・中期／後期旧石器時代過渡期の研究」となっている通り、松藤を含めて研究者たちの目が当時次々に出てきた「最古の遺跡・石器群」に集中していったとき、この論文で後期旧石器時代開始期前後の石器群に研究を集中するように書いたこと、そしてこの問題設定を基盤にした「本郷旧石器研究会」に参加した人たちが、プロセス考古学の成果を取り入れながら、後期旧石器時代前半期の石器群を含めて石器群の詳細な分析とその行動論的解釈に取り組んできたことを、ここで強調しておく。「金取Ⅲ文化には求心状剥片剥離や小形剥片を切断する手法が看取され、小形剥片石器や刃部磨製石斧のプロトタイプとみなしうる打製石斧を伴い、南関東地方の立川ロームⅩb層石器群としての性格をもつ」などと、いかにも新見解かのように書かれても困ってしまうのである。私はすでに1988年の論文でナイフ形石器に伴う打製石斧・局部磨製石斧の起源・進化を考察する場合の見落とせない資料として、金取遺跡の打製石斧に言及していた（27頁)。(蛇足になるが、盛岡市での考古学協会の後、県立博物館で偶然に出会った菊池強一さんと、「菊池さんらが掘られた金取遺跡の石器群が、あたかも新発見資料のようにもてはやされていますが、今さらですよね」「見にきてくれて最初に古い石器群だと認めてくれたのは安斎さんたちでしたね」という会話を交わした)。また、小形剥片石器に関しては、「素刃石器」「端部整形石器」「台形様石器」と展開することが私たちの間では共通認識になっていることも付け加えておく。松藤が記述している遺跡の石器群もすべてすでに私たちが取り上げて性格づけているのであるから、批判するにせよ何らかの言及があってしかるべきであろう。

もう一つ指摘すれば、岡村道雄と戸田正勝と私を名指して、「これらの所論に通底するのは石刃技法が世界各地で独立的に発生しうるというアプリオリな仮定である」と独断的に決め付けているが、あちこちで書いているように、世界の旧石器時代研究におけるひとつのテーマは、石刃技法が世界各地で独立的に発生していることを示す考古資料をどう解釈するかという問題である。私自身について言えば、西アジアの「移行期石器群」に関する論文（安斎 1984）以来のテーマでもあり、松藤のこの一文は見落とせない言表である。石刃技法の出現に言及するならば、東アジアを越えて、旧大陸全体という空間レベルでの目配りが必要である。ルヴァロワ方式→石刃技法（方式）という一元論はすでに相対化されていることを知っていれば、言わずにすんだことである。

最後に「後期旧石器文化要素としての石刃技法の登場」の項に関して一言いえば、確かに1988年の論文では、明示していないが平林遺跡の石核を「小口型石刃技法」の祖形として、また石子原遺跡の石核を「周縁型石刃技法」の祖形として考え、それぞれ別個の発展を想定していた。しかし最近の私の見解―「小口型石刃技法」と「周縁型石刃技法」の出現過程とその社会生態学的意味―は、上記の拙著などですでに表明ずみである（安斎 2003a、b、c)。「小口型石刃技法」の出現と現代型ホモ・サピエンスの到来との関係性についてもすでに視野に入れている。しかしこの件に関しても、列島中央部の資料の充実に比べて、北海道と九州での関連資料の欠如と大陸部での資料的限界性が問題の解明を困難にしている。当面は各地の石器群形成過程の解明に力は注ぐべきである。

なお、萩原博文が長崎県入口遺跡出土石器群（未見なので石器群の評価には言及できない）に関連して、中期旧石器時代から後期旧石器時代にかけて年代づけられる石器群を包括的に検討している（萩原 2004)。「中期旧石器存否論争」への力強い味方の参入である。しかし新知見という面では、新しいデータ（と、新しい石器の呼称）を付け加えてあるが、枠組みは私の1988年のものから大きく変わっているとは思えない(が、そのあたりの言及がない)。私たちが現象の背後にある構造を問題にしいることと、私たちの認識―特に構造変動に関して―もこの15年間で大きく前進していることを理解していないようである。不可解なのは、熊本県大野遺跡群の発掘調査報告書が刊行され、石器群を分析した論文（北森 2003）も発表されているにもかかわらず、萩原が一言も言及していない。認めないにしても、理由は表明すべきであろう。

（中略）

藤波啓容（角張淳一）

アルカインターネット掲示板「考古学の新視点」での難波紘二と藤波啓容のやり取りが活字化されている（角張 2003)。伝統的研究に対する私の批判的姿勢に向けられて、しばしば表明される潜在的な嫌悪感にも答えておこう。難波の発言はどうでもいいが、藤波の、「安斎さんは小田・竹岡両氏を切り、返す刀で白石・鈴木・諏訪間の三氏、織笠氏を切り、その他の研究者は評価の対象外として無視するか石器オタクと一蹴し、安斎・佐藤・田村の三氏だけが石器研究の正道であるかのような記述にはただ呆れるばかりです」、という発言は、彼だけに限られたことではない感情の発露と思われる。

藤波は私が「その他の研究者は評価の対象外として無視」したというが、『考古学ジャーナル』の限られた紙数での論評である。拙著のあとがきなどに書いてきたように、私は遺跡・遺物の見学や著書・論文の執筆に際して数十人、数百人の方々から恩恵を受けている。拙著・拙論に引用することで謝辞に替え、「その他の研究者」たちの学恩に答えるというのが私流のやり方である。また、私自身もある種の石器オタクであると思っている。ただ石器オタクで止まっていてはいけないと言っているだけである。要は、誰を切り捨てたとかではなく、誰のどの見解をどのように私が批判したかという点が重要なのである。なかなか動かない現状で多少挑発的な表現を使っているのも、「石器研究の正道」云々ではなく、異なるパラダイム間の論争へと止揚していきたいからである。難波の安斎批判に溜飲を下げるのではなく、藤波（=「安斎さんたちに対して反動的な研究者」）がやらなければならないことは、今回ここに挙げた小田・竹岡の著書や鈴木の論文を具体的な記述にそって擁護し、文頭に記した私の著書・論文を論理的かつ実証的に批判することであろう。なお、藤波らが批判する「安斎さんの理論」が何をさしているのか私にはさっぱり分からない。私の理論を理解するための一助として拙著『理論考古学入門』（2004b）を読んだ上での、「安斎さんたちに対する反動的な研究者」たちの安斎理論に対する批判を期待している。

さて最後に私の現状認識を簡単に述べておく。

前・中期旧石器時代研究に関しては、芹沢長介→岡村道雄→石器文化談話会、いわゆる東北派が主流であった。それに対して、佐藤達夫→安斎正人→本郷石器研究会が細流を形成していた。前者が最古の石器の追究に向かったとき、後者は批判的・意識的に中期／後期旧石器時代移行期にテーマを設定した。大勢は前者に流れていったが、捏造発覚により前者は挫折した。後者は研究姿勢を維持した。

捏造問題が一段落した今日、前者からの“転向組”と“新規参入組”が、後者を無視・批判・軽視しながら後期旧石器時代開始期前後の石器群に言及し始めている。しかし彼らの言説は私たちの言説の言い換えであって、新しい言説ではない。大野遺跡群の石器群や星野遺跡の新資料に対しては口をつぐんでいる。彼らの最大の欠点は“火中の栗を拾わない”ことである。

後期旧石器時代研究についても、石器文化（ナイフ形石器文化・尖頭器文化・細石刃文化・神子柴文化）の階梯論（主流派）対構造変動論（社会生態学派）の根本的な対立がある。前者の言説をきっぱり断ち、新しい言説の構築に励む研究者の数は手の指にも満たないが、現在が前者から後者への過渡期にあるという認識をもつ人は少なくないと思う。近い将来、後者のパラダイムで研究する若い研究者が前者を圧倒するであろうと期待している。

13.　2008年の「2007年の歴史学界、考古一」(『史学雑誌』118編5号掲載予定) からの抜粋。

コメント

現在執筆中であるが、書き終えてある該当部分を引用しておく。鹿児島県前山遺跡の最下層出土の石器類は在地に前例のない類のものであった。調査時期がちょうど捏造問題の渦中にあったため、その存在が表に出されず埋没していたが、報告書の作成に際して掬い出されたのである。

南九州西回り自動車道の建設計画に伴い発掘調査されていた前山遺跡の調査報告書が出た（『前山遺跡』〈鹿児島県立埋蔵文化財センター発掘調査報告書一一五〉)。薩摩火山灰層であるⅥ層の下のチョコ層と呼ばれるⅦ層からは細石刃石器群（Ⅶa)、小型ナイフと小型台形石器を主体とする石器群（Ⅶa～b)、小型三稜尖頭器の石器群（Ⅶb）が、シラスの二次堆積腐食土層であるⅧ層から剥片尖頭器と大型三稜尖頭器の石器群が、基盤である凝灰岩の風化土層であるⅨ層（第一文化層）から台形様石器と切出形石器を主体とする石器群が検出された。その第一文化層の出土遺物について宮田栄二は、黒曜石や頁岩を石材とした台形様石器を主体とする石器群（Ⅰb文化）と、玉髄を石材とし縁辺にわずかな使用痕が認められる石器群（Ⅰa文化）とを、異なるブロックを形成していることから区別して、出土層位的に玉髄製のものがより下位に認められることからも、後者が先行する古い時期の石器群である可能性を指摘している。後期旧石器時代以前に位置づけられる熊本県大野遺跡群、大分県早水台遺跡、長崎県入口遺跡の小型石器類に対して否定者が多いが、前山遺跡の当該石器類との比較研究が必須である。

おわりに

1967（昭和42）年の４月、考古学を勉強し始めてすぐに、古い石器を探す佐藤達夫先生に同行して、当時宅地開発が始まってローム層がむき出しになっていた京王線沿線の台地を歩き回って以来、すでに40年になる。芹沢長介氏は逝かれた。斉藤恒民氏、紅村弘氏に励まされながら、今も「前・中期旧石器」の探求という見果てぬ夢を追いかける。そして“ドリカム”を次世代に託したい。

４万年前をさかのぼる昔に、ユーラシアの東の果てのこの列島に、いったい何人の人間が生息していたのであろう。彼らの所在証明つまり石器類は、激しい地殻変動と浸食作用を免れて、どれだけが原位置にとどまっていてくれるだろうか。その姿を幸運にも垣間見た人たちへ、感謝の気持ちを込めてこの書を捧げたい。

2007年の盛夏

安斎正人

前《ぜん》期旧石器《ききゅうせっき》再発掘《さいはっくつ》
—捏造事件その後—

著者略歴

安斎　正人（あんざい・まさひと）

1945年　中国（東北地方・海城）に生まれる
1970年　東京大学文学部考古学科卒業
1975年　東京大学大学院人文科学研究科博士課程退学
現　在　東京大学大学院人文社会系研究科助教
主要著書　『無文字社会の考古学』（六興出版）、『理論考古学』（柏書房）、『現代考古学』（同成社）、『旧石器社会の構造変動』（同成社）ほか

2007年10月25日発行

著　者　安　斎　正　人
発行者　山　脇　洋　亮
印刷者　㈲にっぽり製版印刷
　　　　モリモト印刷㈱

発行所　東京都千代田区飯田橋4-4-8　㈱同成社
　　　　東京中央ビル内
　　　　TEL　03-3239-1467　振替00140-0-20618

ISBN978-4-88621-411-9 C3021